航空运输地理

吴大明　编著

合肥工业大学出版社

图书在版编目(CIP)数据

航空运输地理/吴大明编著．—合肥：合肥工业大学出版社，2018.5
ISBN 978-7-5650-4000-9

Ⅰ.①航… Ⅱ.①吴… Ⅲ.①航空运输—运输地理—高等职业教育—教材
Ⅳ.①F56

中国版本图书馆 CIP 数据核字(2018)第 114113 号

航空运输地理

吴大明 编著　　　　责任编辑 郭娟娟

出 版	合肥工业大学出版社	版 次	2018 年 5 月第 1 版
地 址	合肥市屯溪路 193 号	印 次	2018 年 6 月第 1 次印刷
邮 编	230009	开 本	710 毫米×1010 毫米 1/16
电 话	人文编辑部：0551-62903205	印 张	9.75
	市场营销部：0551-62903198	字 数	144 千字
网 址	www.hfutpress.com.cn	印 刷	安徽昶颉包装印务有限责任公司
E-mail	hfutpress@163.com	发 行	全国新华书店

ISBN 978-7-5650-4000-9　　　　定价：35.00 元

前　言

《航空运输地理》是高职教育民航运输类专业的一门专业基础课，是人文地理学中交通运输地理学的一个重要分支学科。

本教材的使用对象是高职院校民航运输类专业学生，包括空中乘务、民航运输、安全检查、航空服务等专业的学生；也可供系统内相关从业人员学习参考。

教材共分为四个部分：第一部分是中国航空运输发展和民用航空区划，主要讲述各大区的范围、主要城市和机场等。第二部分是国际民用航空区划，主要讲述国际航空区划以及一区、二区、三区三个区中的主要国家和航空港。第三部分是航空飞行的地球环境，主要讲述与飞行有关的地球基础知识，包括地球的形状与飞行、地球的运动与飞行、地球的圈层结构与飞行以及影响飞机飞行的天气因素。第四部分是民航运输的基础知识，主要讲述影响民航运输布局的三个要素——机场、航线和运力，以及影响航空运输布局的因素。

本教材的编写具有五个特点：知识系统性强，内容安排符合教育学原则，即由近及远，由具体到抽象，先讲述中国和世界的航空地理，再讲述航空飞行的地球环境和民航运输的基础知识；资料新颖，使用 2015 年及以后的数据；附有“阅读材料”，利于读者扩大知识面；语言通俗易懂，便于自学；配有图片，图文并茂，直观性强。

在编写本教材过程中，参考了宁红、李超、江红等老师编写的教材，在此，谨向上述几位老师致以诚挚的谢意！

由于编者水平有限，书中难免存在不足，敬请读者朋友批评指正。

编者　吴大明

二〇一七年九月十六日于琅琊山麓

目　　录

第一章 中国航空运输发展和民航区划概况

第一节　我国航空运输的发展历程与现状

一、我国民航业的发展历程

我国民航业的发展起步于 1949 年，建立起发展的基本框架是在 20 世纪 80 年代改革开放之后，而真正的起飞是在 20 世纪 90 年代。我国民航业的发展大致分为三个阶段：

（一）中华人民共和国民航业的初创时期

从 1949 年到 1979 年，中华人民共和国民航业在曲折、反复和艰难探索中前进，为 20 世纪 80 年代以后的改革发展和 20 世纪 90 年代的起飞奠定了基础，积累了经验，培养了队伍。

（二）以企业化为中心的改革和发展全面展开

从十一届三中全会到 1990 年，主要表现为：民航体制改革全面展开；以开放姿态加速与国际接轨；高起点全面推动民航业发展。

（三）民航业飞速发展的新时期

20 世纪 90 年代以来，民航业在以企业为中心的全面改革的基础上对外开放有新的进展，客、货运输和各项建设更是飞速发展，飞机、机场和配套设施建设达到空前规模。

二、我国民航业的发展现状

2015年，全行业完成运输总周转量、旅客运输量和货邮运输量分别为851.65亿吨公里、43618万人和629.3万吨，共有民航运输机场210个。截至2015年，运输机队规模达到2650架，定期航班航线3326条，共有运输航空公司55家。其中，国有控股公司41家，民营和民营控股公司14家。

根据国际机场协会（Airport Council International，简称ACI）统计的数字，2015年全球十大最繁忙的机场是：亚特兰大哈茨菲尔德-杰克逊国际机场，北京首都国际机场，迪拜国际机场，芝加哥奥黑尔国际机场，东京羽田机场，伦敦希思罗机场，洛杉矶国际机场，香港国际机场，巴黎戴高乐机场，达拉斯-沃斯堡国际机场。我国有2个机场列为全球十大繁忙机场。2016年，全球十大繁忙机场是：亚特兰大哈茨菲尔德-杰克逊国际机场，北京首都国际机场，迪拜国际机场，洛杉矶国际机场，羽田国际机场，芝加哥奥黑尔国际机场，伦敦希思罗机场，香港国际机场，上海浦东国际机场，法国巴黎戴高乐机场。我国有3个机场列为全球十大繁忙机场，分别是北京首都国际机场、香港国际机场、上海浦东国际机场。

【阅读材料】

什么是飞机

什么是飞机？你可能会说，问这个问题太可笑了！我们几乎每天一抬头就会看到天空中的银燕，难道我们还不认识飞机？但如果请你准确地给飞机下个定义，恐怕就不容易做到了。飞机具有两个最基本的特征：其一是它自身的密度比空气大，由动力驱动前进；其二是飞机有固定的机翼，机翼提供升力，使飞机翱翔于天空。不具备以上特征者，不能称之为飞机，这两条缺一不可。譬如，一个飞行器，它的密度小于空气，那它就是气球或飞艇；如果没有动力装置，只能在空中滑翔，则被称为滑翔机；飞行器的机翼如果不固定，靠机翼旋转产生升力，就是直升机或旋翼机。因此，飞机的精确定义就是：飞机是由动力驱动的、有固定机翼而且重于空气的航空器。

作业：

1. 试说出我国民航业的发展历程。

2. 截至2016年，世界十大繁忙机场有哪些？

第二节　我国的主要飞机场

一、我国机场发展现状

经过几十年的建设和发展，我国机场初具规模，初步形成了以北京、上海、广州等机场为中心，以成都、昆明、重庆、西安、乌鲁木齐、深圳、杭州、武汉、沈阳、大连等城市机场为骨干的基本格局。

2015年，我国境内民用航空机场共有210个（不含港、澳、台地区），其中，定期航班通航机场206个，定期航班通航城市204个。在所有通航机场中，年旅客吞吐量在100万人次以上的有70个。

从数量上看，我国机场主要集中分布在西部地区，占机场总数的50%；然而，西部地区大多数机场等级偏低，而且机场密度较低。但值得注意的是，西部地区拥有部分4E级机场。对于东部地区而言，集中了我国大部分的高等级机场，机场密度较高。更为重要的是，我国大部分旅客及货物运输的业务量集中在东部地区的机场；同时，业务量较繁忙的机场主要以东部机场为主，中部及东北地区的业务量相对较少。

二、对我国机场发展的评价

1. 机场布局基本合理

我国绝大多数机场的建设和发展是以航空运输市场需求为基础，初步形成了与我国国情国力相适应的机场体系，为促进和引导国民经济社会发展、加强国防建设和保障国家安全发挥着重要作用。

2. 机场区域布局与经济地理格局基本适应

我国机场区域分布的数量规模和密度与我国区域经济社会发展水平和经济地理格局基本适应，民用机场呈区域化发展趋势，初步形成了以北京为主的北方机场群、以上海为主的华东机场群、以广州为主的中南机场群三大区域机场群体，以成都、重庆、昆明为主的西南机场群和以西安、乌鲁木齐为主的西北机场群五大区域机场群体雏形正在形成，机场集群效应得以逐步体现，对带动地区经济社会发展、扩大对外开放、提高城市发展潜力和影响力发挥了重要作用。

3. 机场体系的功能层次日趋清晰

我国民航运输基于机场空间布局的中枢轮辐式与城市对相结合的航线网络逐步形成，机场体系的功能层次日趋清晰、结构日趋合理，国际竞争力进一步增强。一批主要机场的综合功能逐步完善、业务能力不断提高，北京、上海、广州三大枢纽机场的中心地位日益突出，成都、昆明、重庆、西安、乌鲁木齐、深圳、杭州、武汉、沈阳、大连、哈尔滨等城市机场的骨干作用进一步增强，诸多中小城市机场发挥着重要的网络拓展作用。

4. 航空运输在综合交通运输体系中的地位不断提高

以机场布局规模不断扩大和航空网络逐步拓展完善为基础，航空运输以其快捷、方便、舒适和安全的比较优势，在我国中长途旅客运输、国际客货运输、城际间快速运输及特定区域运输方面逐步占据主导地位，对促进国际人员交往、对外贸易和出入境旅游发展发挥了重要作用。

【阅读材料】

从风筝到飞机

飞机能够载重上百吨腾空而起，不但飞行速度快，而且飞行距离长，这是现代科学技术最令世人惊奇的成就之一。

其实，飞机能够飞翔的原理并不复杂，与风筝飞上天的原理基本相同。在我国现存的公元前2世纪的古籍中，已经有关于人们放风筝的记载了。从放飞风筝到飞机上天，我们的祖先苦苦地探索了两千多年。

风筝在牵线的拉力下，与风向必须呈一个适当的角度才能飞起来。根据经验，如果风筝与风向成为直角，风筝飞不起来；如果风筝与风向是平行的，风从风筝上下两面吹过，它仍然没有升力；只有当风筝与风向形成一个适度的锐角，风在风筝上形成了一个向后上方的力，风筝才会冉冉升起。风筝平面与风向形成的夹角被称为迎角。只有在风筝的迎角处于一定的锐角时，这时的空气动力也就是风的作用力变为向后、向上的力，驱使风筝升空飞翔。此时的空气动力可以被分解为两个力：向后的力是阻力，向上的力即升力。在升力的作用下，风筝升空。风筝的阻力通过牵线与手的拉力平衡，而升力则与风筝的重力平衡，于是，千姿百态的风筝上升到一定高度后才会在蔚蓝的天空中飘舞。

人类若想借助风筝升天的原理使自己也能飞上天，必须解决两个很关键的问题：一是必须自己造出“风”，不再受大自然的摆布，这个“风”由发动机产生；二是必须要制造出能够控制迎角的平面，从而产生足够的升力，这个能产生迎角的平面即飞机的机翼。

作业：

1. 试对我国民航机场进行评价。
2. 截至 2015 年，我国境内民航机场共有多少个？

第三节 我国的主要航线

一、我国主要的国际航线

目前，我国客运量较集中的国际航线有中韩航线、中日航线、中国—东盟航线、中欧航线、中美航线等。另外，中东航线以及到东南亚各国、大洋洲及太平洋岛屿的航线也是我国重要的国际航线。

二、我国国际航线的分布特点

（1）以北京为中心，通过上海、广州、乌鲁木齐、大连、昆明、厦门等航空口岸向东、西、南三面辐射。

（2）国际航线的主流呈东西向，向东连接日本、北美，向西连接了中东、欧洲。它是北半球航空圈带的重要组成部分。

（3）我国的国际航线是亚太地区航空运输网的重要组成部分，它与南亚、东南亚、澳大利亚等地有密切的联系。

三、我国国内主要航线

我国的国内航线主要以北京、上海、广州为核心向周围辐射。主要航线有：

（1）以北京为中心的辐射航线；

（2）以上海为中心的辐射航线；

（3）以广州为中心的辐射航线；

（4）以香港为中心的辐射航线。

四、中国国内航线的分布特征

（1）我国航线集中分布于哈尔滨—北京—西安—成都—昆明一线以东的地区。其中，又以北京、上海、广州的三角地带最为密集，整体上看，航线密度由东向西逐渐减小。

（2）航线多以城市对为主，以大、中城市辐射中心为辅。

（3）国内主要航线多呈南北向分布，在此基础上，又有部分航线从沿海向内陆延伸，呈东西向分布。

【阅读材料】

世界上最古老的机场

最早的飞机起降落地点是草地，一般为圆形草地，飞机可以在任何角度，顺着有利的风向进行起降，周围会有一个风向仪以及机库（因为当时的飞机一般是由木头和帆布制成，不能风吹、日晒、雨淋）。之后，开始使用土质场地，避免草坪增加的阻力，然而，土质场地并不适合潮湿的气候，否则，会泥泞不堪。随着飞机重量的增加，起降要求也跟着提高，混凝土跑道开始出现，任何天气、任何时间皆适用。世界上最古老的机场目前虽有争议，但成立于1909年、位于美国马里兰州的大学园区机场（College Park Airport）应当是世界上最老且持续经营的机场。另一个被称为世界上历史最悠久的机场是位于美国亚利桑那州的比斯比—道格拉斯国际机场（Bisbee Douglas International Airport），此机场停放着美国历史上第一架飞机。1908 年，道格拉斯航空俱乐部成立，滑翔机俱乐部也随之成立。那时的滑翔机是由两匹马拉动，飞过道格拉斯青年会大楼后方。1909 年，飞机开始装设马达和螺旋桨，于是亚利桑那州成为开行首架以动力飞行的飞机的区域。该机场为美国第一座国际机场的地位经由罗斯福总统的一封信证实，在信里面，总统宣布它为“美国的第一座国际机场”。1922 年，第一个供民航业使用的永久机场和航站楼出现在德国的柯尼斯堡，这个时代的机场开始使用水泥铺设的停机坪，允许夜间飞行和较重的飞机降落。20 世纪 20 年代后期，出现第一个使用照明设施的机场，20 世纪 30 年代，机场下滑照明设备开始使用，因此，飞机起降的方向和角度开始有了固定的规定。

作业：

1. 试说出我国国际航线的分布特点有哪些?
2. 试说出我国国内航线的分布特征。

第四节　我国的航空公司发展概述

截至 2015 年年底，我国共有航空运输公司 55 家，其中，国有控股公司 41 家，民营和民营控股公司 14 家。本书介绍我国主要的 18 家航空公司。

1. 中国国际航空股份有限公司

中国国际航空股份有限公司，简称“国航”，于 1988 年 7 月 1 日在北京正式成立，是中国唯一载国旗飞行的民用航空公司。国航是中国航空集团公司控股的航空运输主业公司，与中国东方航空股份有限公司和中国南方航空股份有限公司合称中国三大航空公司。2004 年 12 月 15 日，中国国际航空股份有限公司在香港成功上市。2007 年 12 月，中国国际航空公司正式加入世界上最大的航空联盟——星空联盟。

2014 年 10 月 1 日 16：55 分，国航首架波音 747 - 8 洲际客机飞抵北京。

至2015年，国航已接收全部订购的七架波音747－8洲际客机。中国国际航空股份有限公司2015年度实现营业收入1089.29亿元，同比增长3.85％。

中国国际航空股份有限公司以凤作为航徽。凤是一种美丽吉祥的神鸟，以此作为航徽，是希望这神圣的生灵及它的美丽传说给天下带来安宁，给朋友们带来吉祥、幸福、幸运和欢欣。

中国国际航空股份有限公司目前是中国唯一承担中国国家领导人出国访问的专机任务以及承担外国元首和政府首脑在国内的专、包机任务的航空公司；也是中国民航安全水平最高、综合规模最大、拥有最新最好机队的航空公司，是国内航空公司第一品牌，是北京2008年奥运会航空客运合作伙伴。图1－1是中国国际航空股份有限公司的航徽。

图1－1　中国国际航空股份有限公司航徽

2. 中国东方航空股份有限公司

中国东方航空股份有限公司，简称东方航空。东方航空是一家总部位于中国上海的国有控股航空公司，在原中国东方航空集团公司的基础上，兼并中国西北航空公司，联合中国云南航空公司重组而成，是中国民航第一家在香港、纽约和上海三地上市的航空公司，1997年2月4日、5日及11月5日，中国东方航空股份有限公司分别在纽约证券交易所、香港联合交易所和上海证券交易所成功挂牌上市。东方航空是中国三大国有大型骨干航空企业之一（其余二者是中国国际航空股份有限公司、中国南方航空股份有限公司）。作为天合联盟成员，东航以“精准、精致、精细”的服务为全球旅客不断创造精彩的旅行体验。

东方航空2015年度业绩显示，东方航空2015年实现营业收入938.44亿元，同比上升4.57％；利润总额为56.71亿元，同比上升37.65％。2016年，东航实现营业收入人民币 985.60 亿元，同比增长 5.03%，位居全球第七大航空公司。2016 年 8 月，中国东方航空集团公司在“2016 中国企业 500 强”中排名第 155 位。

东方航空的航徽是一只燕子图形，整体流线型的处理使它看上去更加舒展，仿佛看到一只挣脱束缚后奔向自由、奔向蓝天的燕子。图 1－2 是中国东方航空股份有限公司的航徽。

图 1－2　中国东方航空股份有限公司航徽

3. 中国南方航空股份有限公司

中国南方航空股份有限公司，简称南方航空。航线通达全球众多城市。作为天合联盟成员，南方航空以顾客为导向，致力于提供便捷满意的服务。

截至 2016 年底，南方航空经营包括波音 787、777、737 系列，空客 380、330、320 系列等型号客货运输飞机 702 架，是中国唯一运营空客 A380 的航空公司。2016 年，南方航空旅客运输量超过 1.15 亿人次，连续 38 年居中国各航空公司之首，机队规模和旅客运输量均居亚洲第一、世界第四。南航安全飞行纪录卓越，截至 2016 年底，南航安全运输旅客累计超过 10 亿人次，安全纪录和安全管理水平处于国际领先地位。

目前，南方航空每天有 2000 多个航班飞至全球 40 多个国家和地区、224 个目的地，提供座位数 30 万个，形成了以欧洲、大洋洲两个扇形为核心，以东南亚、南亚、东亚为腹地，全面辐射北美、中东、非洲的航线网络布局，已成为中国大陆至大洋洲、东南亚的第一门户枢纽。

南方航空积极响应国家倡议，为推动“一带一路”建设提供有力支撑。

截至2016年年底，南航在“一带一路”沿线38个国家和地区的68个城市开通了172条航线，每周投入2200多个航班，承运旅客1500多万人次。

南航的航徽标志由一朵抽象的大红木棉花衬托在宝蓝色的飞机垂直尾翼图案上组成，航徽色彩鲜艳，丰满大方。在南方人的心目中，木棉象征高尚的人格，人们赞美它、热爱它，广州市民把它推举为自己的市花，视为图腾。图1-3是中国南方航空股份有限公司的航徽。

图1-3　中国南方航空股份有限公司航徽

4. 海南航空股份有限公司

海南航空股份有限公司，简称海南航空，成立于1993年，是中国发展最快、最有活力的航空公司之一，致力于为旅客提供全方位无缝隙的航空服务。

海南航空是中国四大航空公司之一，拥有波音787、767、737系列和空客330系列为主的年轻豪华机队，适用于客运和货运飞行，为旅客打造独立空间的优质头等舱与宽敞舒适的全新商务舱。截至2017年8月，共运营飞机185架，其中，主力机型（波音737-800）135架，宽体客机31架。

海南航空追求“热情、诚信、业绩、创新”的企业管理理念，凭借“内修中华传统文化精粹，外融西方先进科学技术”的中西合璧企业文化，创造了一个新锐的航空公司。海南航空秉承“东方待客之道”，倡导“以客为尊”的服务理念，立志成为中华民族的世界级航空企业和世界级航空品牌。

海南航空的航徽分别由“大鹏金翅鸟”的金翅膀、头顶日月宝珠（如意珠）、金角、鸟嘴造型、如意祥云等元素组成。图1-4是海南航空股份有限公司的航徽。

图 1-4　海南航空股份有限公司航徽

5. 深圳航空股份有限责任公司

深圳航空有限责任公司，简称“深圳航空”，于 1992 年 11 月成立，1993 年 9 月 17 日正式开航。2013 年，深圳航空共有飞机 140 架，平均机龄 5.31 年，全年引进飞机 17 架。

深圳航空股东为中国国际航空股份有限公司、深国际全程物流（深圳）有限公司，主要经营航空客、货、邮运输业务。截至 2013 年 12 月 31 日，深圳航空经营的航线达 194 条，其中，国内航线 182 条，国际航线 6 条，地区航线 6 条。通航国家（地区）7 个，通航城市 77 个，其中，国内 70 个，国际 4 个，地区 3 个。

深圳航空以“立志成为世界上最受推崇和最有价值的航空公司，推动民族航空成为世界首选”为使命，以成为“特色航空的领跑者”为愿景，向世人昭示了企业的追求和责任，在中国民航由民航大国向民航强国的发展过程中贡献自己的力量。

深圳航空有限责任公司的航徽为民族之鹏，鹏是神鸟。图案和谐融汇，红金吉祥映衬，凝聚东方文化的精髓。挺拔傲立，充满生机，体现果断进取的精神，标志造型气势磅礴，沉着矫健，呈高瞻远瞩、胸怀万物、根基稳固之三态，一为机智定乾坤，二是同心创辉煌，三生万物盛千里，代表深圳航空“沉稳，诚信，进取”的理念。图 1-5 是深圳航空股份有限责任公司的航徽。

图 1－5　深圳航空股份有限责任公司航徽

6. 厦门航空有限责任公司

厦门航空有限公司，简称厦门航空，成立于 1984 年 7 月 25 日，是中国民航局与福建省合作创办的中国首家按现代企业制度运营的航空公司，现股东为中国南方航空股份有限公司（51%）、厦门建发集团有限公司（34%）和冀中能源股份有限公司（15%）。厦门航空的航徽是“蓝天白鹭”，昂首矫健的白鹭在蓝天振翅高飞，象征吉祥、幸福永伴宾客，展示了厦门航空团结拼搏、开拓奋飞的精神。

厦门航空是中国唯一使用全波音系列飞机的航空公司。目前，公司拥有全波音系列飞机 113 架，平均机龄低于 5 年，经营国内航线 218 条，国际和地区航线 26 条，其中，厦门、福州、泉州始发航线已通达全国所有直辖市、地方省会和主要旅游城市，图 1－6 是厦门航空有限责任公司的航徽。

图 1－6　厦门航空有限责任公司航徽

7. 山东航空股份有限公司

山东航空股份有限公司成立于 1999 年 12 月 13 日，其前身是 1994 年成立的山东航空有限责任公司，总部设在济南。截至 2013 年 12 月 31 日，山东航空经营航线 139 条，其中，国际航线 7 条，地区航线 5 条；通航国家（地区）5 个；通航城市 60 个，其中，国内 52 个，国际 5 个，地区 3 个。公司性质为股份有限公司。

山东航空股份有限公司的航徽寓意是：三个“S”形曲线代表擅长飞翔、纪律严明的飞燕。飞燕的三个“S”形翅膀，看上去像“山”字，三个“S”分别代表“山东”“成功”“安全”，航徽周围对称的平行线段组成机翼形状，代表山东航空永远稳健安全的飞翔。图 1－7 是山东航空股份有限公司的航徽。

图 1－7　山东航空股份有限公司航徽

8. 四川航空股份有限公司

四川航空股份有限公司成立于 2002 年 8 月 29 日，以四川航空公司为主，联合中国南方股份有限公司、上海航空股份有限公司、山东航空股份有限公司、成都银杏餐饮有限公司共同发起成立的跨地区、跨行业、跨所有制、投资主体多元化股份制航空公司。

四川航空股份有限公司的航徽含意是，一只海燕在大海上高傲地飞翔，代表公司在逆境中发展壮大。四川航空始终以“安全、服务、效益”作为企业的追求，倡导以“真诚、善良、美丽、爱心”为核心理念，创造具有自身特色的服务品牌，图 1－8 是四川航空股份有限公司的航徽。

图 1－8　四川航空股份有限公司航徽

9. 中国联合航空有限公司

中国联合航空有限公司，简称中国联航，英文名称：China United Airlines，成立于 1984 年 9 月 21 日，于 2012 年 11 月 26 日完成机构重组扩张并正式运营。现在，中联航共有波音 737 系列飞机 25 架。中国联合航空有限公司的航徽由 CUA 图形标识和中国联合航空文字标识两部分元素构成。公司保持着简约高辨识率的航空标识，是中国四大航空中名称以“中国”字样开头的国有航空公司，其独有的品牌历史及“国字头优势”使公司保持独具竞争力的市场价值。图 1－9 是中国联合航空有限公司的航徽。

图 1－9　中国联合航空有限公司航徽

10. 春秋航空股份有限公司

春秋航空股份有限公司，简称春秋航空，是中国首批民营航空公司，定位于低成本航空业务模式，主要从事国内、国际及港澳航空客货运输业务，以及与航空运输业务相关的服务。从 2005 年首航起至 2013 年年末，春秋航空规模已扩张 39 架飞机、64 条国内外在飞航线。目前，已成为国内旅客运输量、周转量最大的民营航空公司及大中华地区领先的低成本航空公司。图 1－10 是春秋航空股份有限公司的航徽。

图 1－10　春秋航空股份有限公司航徽

11. 奥凯航空有限公司

奥凯航空有限公司，简称奥凯航空，它是中国大陆第一批获得批准成立的民营资本控股的航空公司，是大陆第一家民营航空公司。奥凯航空有限公司始终以服务天津经济建设为己任，围绕天津的区域发展和民航发展需求，不断拓展航空市场。

2013 年，奥凯航空陆续引进 3 架波音 737－800 客机，逐步更新现有机队，提高旅客乘机舒适度。2013 年夏、秋航季，奥凯航空新开了两条航线，即：长沙—青岛—沈阳航线、长沙—重庆—兰州航线。截至 2013 年，奥凯航空在国内通航城市达 25 个，初步形成了 3 个干线枢纽航班基地。

奥凯航空有限公司的航徽是祥云抽象图案，图 1－11 是奥凯航空有限公司的航徽。

图 1－11　奥凯航空有限公司航徽

12. 成都航空有限公司

成都航空有限公司，简称成都航空。2013 年，成都航空在航线拓展上加大了对旅游航线的运力投入，结合自身运力，成都航空对出发和始发航线进行了调整，增开了成都—桂林—深圳，昆明—桂林—厦门往返航线，复航成都—武汉—台州往返航线，增加丽江、三亚的每日航班班次。

成都航空有限公司的航徽是由代表成都市的太阳鸟构成，线条简练流畅，极富韵律，充满强烈的动感，富有极强的象征意义和极大的想象空间，体现了人类对太阳神鸟的强烈崇拜，表达了蜀人对生命和运动的讴歌，其外层 4 鸟代表四鸟负日，也代表春夏秋冬四季轮回，内层 12 道芒纹代表一年十二个月周而复始。这是古人崇拜的物证，也是向往天空的体现。图 1－12 是成都航空有限公司的航徽。

图 1－12　成都航空有限公司航徽

13. 上海吉祥航空股份有限公司

上海吉祥航空股份有限公司简称吉祥航空，是国内著名民营企业均瑶集团的全资子公司，是一家以上海为基地的新兴民营航空公司，是均瑶集团所属的上海均瑶（集团）有限公司和上海均瑶航空投资有限公司共同投资筹建的民营资本航空公司。公司英文名字以均瑶（June Yao）命名。该公司于2005年6月经中国民用航空总局和上海市政府批准筹建。

吉祥航空主要从事中国大陆地区、中国港澳台地区及周边国家和地区的航空客、货运输以及相关航空服务业务。吉祥航空以上海两大机场（虹桥机场和浦东机场）为主运营基地和枢纽机场，建立了基本覆盖国内经济发达省会城市、重点旅游城市、香港和澳门、台湾地区并辐射周边国家的航线网络。截至2013年年末，吉祥航空共拥有34架平均机龄仅为3.14年的A320系列飞机，与国内其他主要航空公司相比，具有显著的年轻化优势。

上海吉祥航空股份有限公司将“吉祥凤凰”作为航徽，力求通过对中国传统文化的国际化阐释，在中国航空界和国际航空界塑造一个为客户提供舒心优质服务的百年航空品牌。图1－13是上海吉祥航空股份有限公司航徽。

图1－13　上海吉祥航空股份有限公司航徽

14. 大连航空有限责任公司

大连航空有限责任公司简称大连航空，是由中国国际航空股份有限公司、大连保税正通有限公司于 2011 年 8 月 1 日共同出资 10 亿元人民币组建的国有控股公司，国航持股 80%，大连保税正通有限公司持股 20%，是大连首家以城市命名的本土航空公司。

大连航空 2011 年 8 月 8 日成功举行了揭牌仪式。12 月 8 日，获得了民航东北管理局颁发的航空承运人运行合格证及运行规范。12 月 31 日，大连航空成功实现首航。

截至 2013 年 11 月，大连航空投入 6 架波音 737－800 型飞机进行航班运营，并陆续开通了大连至深圳、北京、杭州、西安、太原、三亚等地以及北京至厦门、哈尔滨、大连等地的航线航班。大连航空初步构建起延伸至东北、西北、华东和华南的航线布局。

截至 2013 年 12 月 31 日，大连航空经营 15 条国内航线，通航 16 个国内城市。图 1－14 是大连航空有限责任公司航徽。

图 1－14　大连航空有限责任公司航徽

15. 贵州航空有限公司

贵州航空有限公司简称贵州航空，是由中国南方航空股份有限公司和贵州省人民政府共同出资组建，股权比例为：南航 60%，贵州省 40%。现机队规模为拥有飞机 13 架，由 B737－700 和 737－800 组成。

贵州航空在贵州市场上的航线主要覆盖以上海为中心的华东地区、以北京为中心的华北地区、以广州为中心的华南地区、以重庆和成都为中心的西南地区以及贵阳至台北的定期航班。国际航线有贵州至达卡、贵阳至普吉等南亚、东南亚航线，日韩包机航线，构成了覆盖较全的航线网络，图 1－15 是贵州航空有限公司的航徽。

多彩贵州航空 Colorful Guizhou Airlines

图 1 - 15　贵州航空有限公司航徽

16. 华夏航空有限公司

华夏航空有限公司简称华夏航空，该公司经中国民用航空局批准成立，总部设在贵州省贵阳市，是一家专门从事中国国内支线航空客货运输业务的中外合资航空公司。

华夏航空的航徽基本元素为一只展翅高飞的鸽子。一方面表明华夏希望对社会、对公众提供安全、快捷、温馨、舒适的航空服务；另一方面也表明了华夏是个负责、诚信的企业，同时，更喻示着华夏在企业战略以及经营管理上所拥有的准确的判断力、高效的执行力和对既定目标坚定不移的信念与持之以恒的追求精神。图 1 - 16 是华夏航空有限公司的航徽。

图 1 - 16　华夏航空有限公司航徽

17. 云南祥鹏航空有限责任公司

云南祥鹏航空有限责任公司简称祥鹏航空，是海航集团下属成员企业，公司注册地为云南省昆明市，2006 年 2 月 26 日，祥鹏航空顺利开航。2008 年 6 月，云南省国资委与海航集团签署战略合作协议，双方共建祥鹏航空。

2013 年，祥鹏航空航班飞行涉及 26 省（自治区、直辖市）、42 个国内城市、45 条国内航线。

云南祥鹏航空有限责任公司的航徽是大鹏金翅鸟，大鹏金翅鸟传说是由慈悲金刚手菩萨化现，大鹏可乘旋风直飞九万里高空，遏绝云端，气冲霄汉。图 1－17 是云南祥鹏航空有限责任公司的航徽。

旧logo　　新logo

图 1－17　云南祥鹏航空有限责任公司航徽

18. 河北航空有限公司

河北航空有限公司简称河北航空，该公司是经中国民航局批准，由河北航空投资集团有限公司控股、四川航空集团公司和沈阳中瑞公司参股的现代化航空公司。

2013 年，河北航空有限公司全年引进 2 架飞机，河北航空机队规模增至 10 架。目前，公司已拥有波音 737－800、波音 737－700、E190 型飞机共 10 架。

河北航空有限公司的航徽是以河北省简称“冀”的拼音首字母“J”为原型，写意为一只振翅高飞的雄鹰翅膀，意为一只在蓝色天空和红色朝阳组成的广阔天地间自由翱翔的雄鹰，有“鹰击长空，翱翔万里”之意。红色和蓝色也可体现出河北环京津、环渤海的独有特征。寓意河北航空勇于开拓、锐意进取、追求卓越的精神，必将成为河北经济社会发展的腾飞之翼。图 1－18 是河北航空有限公司的航徽。

图 1－18　河北航空有限公司航徽

【阅读材料】

飞机的心脏——发动机

飞机起飞必须要有足够的速度，这种速度由发动机产生的推力提供。飞机在天空中飞行时，发动机一刻也不能停止运转。发动机一停，导致升力不足，飞行速度立刻下降，飞机也将坠落，因此，发动机相当于飞机的“心脏”。

飞机需要一个强有力的“心脏”，才能产生足够的推力。但是，发动机的重量又不能太重。因为，如果发动机的重量很大，由它产生的推力不仅不能把飞机送上天，甚至连自身的重量都抵消不掉，更不用说把人和其他货物送上天空了。

发动机是飞机的心脏，不仅因为它是飞机飞行动力的来源，也为飞行中电力和液压等系统提供能源。为了安全和效率考虑，民航客机会使用 1～4 台发动机。最为常见的中短程飞机波音 737 使用的是两台涡轮风扇发动机；波音 747－400 作为越洋客机，则有 4 台发动机，即使其中一台发生故障，仍有 75％的动力可以飞行。

作业：

1. 通过查找网上资料，试介绍中国国际航空股份有限公司。

2. 通过查找网上资料，试介绍中国东方航空股份有限公司。

第五节 我国的航空区划分区

我国幅员辽阔，领土面积约960万平方公里，辽阔的领土为国内航空运输的发展提供了广阔的活动空间。为了因地制宜地安排运力、合理建设机场、协调国内及国际航空运输的发展，从而实现最佳的经济和社会效益，我们有必要对全国航空运输区域进行划分，这种划分称航空区划。

在中华人民共和国成立以前，中国并未在全国范围内形成完整的航空运输体系，无航空区划可言。中华人民共和国成立初期，在天津、上海、重庆、武汉、广州设立民航办事处。几年之后，我国基本形成了以上海为中心的华东区、以广州为中心的中南区、以重庆为中心的西南区、以乌鲁木齐为中心的新疆区以及以北京为中心的北方区五大航空运输区域。后来，1958年、1964年、1982年、1985年又进行了几次改革，但总体方案基本上是大致相同的。2002—2003年，又进行了一次改革，再次明确了七大航空区域的划分，具体见表1-1中国七大航空区划。

表1-1 中国七大航空区划

区　划	总部	管　辖　范　围
东北管理局	沈阳	辽宁省、黑龙江省、吉林省
华北管理局	北京	北京市、天津市、河北省、内蒙古自治区、山西省
华东管理局	上海	上海市、山东省、江苏省、安徽省、浙江省、江西省、福建省
中南管理局	广州	广东省、广西壮族自治区、湖北省、湖南省、河南省、海南省

（续表）

区　划	总部	管　辖　范　围
西南管理局	成都	重庆市、四川省、贵州省、云南省、西藏自治区
西北管理局	西安	陕西省、甘肃省、青海省、宁夏回族自治区
新疆管理局	乌鲁木齐	新疆维吾尔自治区

【阅读材料】

飞机的翅膀——机翼

世界上已知的机翼各式各样。现在，民航系统运行的大型民航飞机几乎都是下单翼飞机，如波音系列及空中客车系列。

在飞行过程中，我们很容易发现机翼后半部分在起飞、降落和平飞时的形状大不一样。机翼后半部分能伸出收回的小机翼，术语叫“襟翼”，它的作用像鸟的翅膀后部宽大的羽毛，可以增加升力；机翼中后段还有几块可以竖起来的方形薄板，名为“减速板”，它们的作用主要是在空中和地面减速。

当飞机起飞时，襟翼向后、向下伸出，这样，可以增加机翼的面积，提高升力；当飞机达到巡航速度后，收起襟翼，和主翼合为一体，以便降低阻力，更经济省油地巡航；当下滑降落时，飞机速度变慢，再次放下襟翼维持升力，以防失速；而在飞机机轮触动跑道之后，还要打开减速板，在和襟翼一同提供减速的同时，将飞机的重量压向跑道，以增加飞机轮胎与跑道的摩擦力，使飞机减速。

飞机起飞后，如果你刚好选择了靠近飞机翅膀（机翼）附近的座位，就会发现，整个旅途中机翼的尖端会不断地上下晃动，仿佛要脱落。事实上，在客机设计中早已考虑了材料的弹性形变和疲劳强度，通过成千上万次人为设置的反复振动，对金属进行破坏性的疲劳测试以检验飞机结构的可靠性，因此，机翼尖端在气流的作用下出现无规则的上下晃动，这些情况都是在正常工作范围之内，飞机翅膀的大梁结构相当稳定，并不影响安全。

作业：

通过查找网上资料，介绍本人家乡所在地区的航空区划情况。

第二章 我国东北区和华北区航空运输地理

第一节 东北区

一、区域概况

东北区包括黑龙江、辽宁、吉林三省。东、北、西三面与朝鲜、俄罗斯、蒙古为邻；面积约 80 万平方千米，人口约 1.09 亿。

东北区内山环水绕，资源丰富，工业化程度高，农业较发达。

东北区有大量的工农业产品运往全国各地，也有一定的工业制成品等物资运入区内，从而产生了巨大的货流；加上本区与全国具有密切的经济联系，产生了一定规模的客流，巨大的货流和客流对交通运输提出了巨大的需求。

东北区形成了以大连周水子国际机场、沈阳桃仙国际机场、哈尔滨太平国际机场、长春龙嘉机场为中心的航线网络。

二、主要航空港城市及其机场分布

东北地区主要机场及其代码见表 2－1。

表 2－1　东北地区主要机场及其代码

机场名称	代码	省市	机场名称	代码	省市
沈阳桃仙国际机场	SHE	辽宁	长白山机场	NBS	吉林

（续表）

机场名称	代码	省市	机场名称	代码	省市
大连周水子国际机场	DLC	辽宁	大庆萨尔图机场	DQA	黑龙江
丹东浪头机场	DDG	辽宁	哈尔滨太平国际机场	HRB	黑龙江
朝阳机场	CHG	辽宁	齐齐哈尔三家子机场	NDG	黑龙江
长海大长山岛机场	CNI	辽宁	佳林斯东郊机场	JMU	黑龙江
鞍山腾鳌机场	AOG	辽宁	牡丹江海浪机场	MDG	黑龙江
锦州小岭子机场	JNZ	辽宁	黑河国际机场	HEK	黑龙江
长春龙嘉国际机场	CGQ	吉林	漠河古莲机场	OHE	黑龙江
吉林二台子机场	JIL	吉林	伊春林都机场	LDS	黑龙江
延吉朝阳川国际机场	YNJ	吉林	鸡西兴凯湖机场	JXA	黑龙江

（一）沈阳市

沈阳市，是辽宁省省会，总面积1.3万平方千米，人口约810万，其中，市区人口610万。沈阳位于中国东北地区南部，辽宁省中部，以平原为主，属温带半湿润大陆性气候，全年气温在－29℃到36℃之间，年平均气温8.3℃。受季风影响，降水集中，温差较大，四季分明。

沈阳市是东北航空管理局局方驻地，又是中国东北地区最大的中心城市。沈阳市地处东北亚经济圈和环渤海经济圈的中心，工业门类齐全，具有重要的战略地位。沈阳市拥有东北地区最大的民用航空港——桃仙机场，也是东北最大的公路、铁路枢纽，是区内外物资交流的最大集散地。连通世界各港口的大连港、正在开发建设的营口新港和锦州港，距沈阳市均不超过400千米，具有得天独厚的地理区位优势，作为东北中心城市的沈阳，对周边乃至全国都具有较强的吸纳力、辐射力和带动力。

沈阳是闻名遐迩的历史文化名城，城内的沈阳故宫始建于公元1625年，是清朝入关前清太祖努尔哈赤、清太宗皇太极建造的皇宫。该皇宫规模宏大，建筑精巧，是中国除了北京故宫之外唯一现存的完整的皇家建筑群，现已辟为沈阳故宫博物院，如图2－1。

沈阳桃仙国际机场（IATA：SHE），位于中国沈阳市南郊的桃仙镇，距

图 2-1　沈阳故宫博物院

沈阳市中心 20 公里，为 4E 级民用国际机场，是中国一级干线机场，中国八大区域性枢纽机场之一，东北地区航空运输枢纽，如图 2-2。

图 2-2　桃仙国际机场

1989 年 4 月 16 日，沈阳桃仙机场正式启用通航；1990 年 6 月 16 日，沈阳桃仙机场正式组建成立；1994 年 11 月 28 日，沈阳桃仙机场更名为沈阳桃仙国际机场；2003 年 9 月 16 日沈阳桃仙国际机场股份有限公司正式挂牌成立。

截至 2016 年底，沈阳桃仙国际机场新航站楼建筑面积为 24.8 万平方米，楼体建筑平面呈“U”型布局，分别由主楼和两个指廊组成，是国际和国内航班共用的航站楼。楼体建筑为地下两层，地上四层，新航站楼按照满足 2020 年旅客吞吐量 1750 万人次、高峰小时旅客吞吐量 6430 人次设计建造。经桃仙机场的航线共有 149 条，其中，国内航线 126 条、国际及中国港澳台地区航线 23 条。

2016 年，沈阳桃仙国际机场旅客吞吐量 1496.72 万人次，同比增长 11.8%；货邮吞吐量 15.57 万吨，同比增长 9.6%；起降架次 11.51 万架次，同比增长 7.9%；分别位居中国第 24 位、第 18 位、第 25 位。

（二）大连市

大连市位于中国辽东半岛的最南端，西北濒临渤海，东南面面向黄海，与山东半岛隔海相望，是著名的对外贸易海港和旅游城市。大连市面积 1.26 万平方千米，人口约 670 万。大连市是东北区的海上门户，自然地理条件优越，经济实力雄厚。东北的钢铁、石油、机械等产品可经此运往沿海港口，出口商品则可经此运往世界各地。大连工业基础雄厚，工业门类齐全，综合配套能力较强，具有较强的承载世界制造业转移的能力，已经形成以石油化工、矿山机械、机车车辆、造船等行业为主的工业体系。

大连市位于北半球的暖温带地区，形成了具有海洋性特点的暖温带大陆性季风气候，冬无严寒，夏无酷暑，气候宜人，景色秀丽，是一座滨海旅游城市和避暑胜地。20 世纪 80 年代以来，大连已成为国内旅游热点之一。2011 年，全市共接待旅游总人数 4377.6 万人次，实现旅游总收入 650.2 亿元，其中，接待国内旅游人数 4260.6 万人次，实现国内旅游收入 579.9 亿元；接待入境旅游人数 117 万人次，实现旅游外汇收入 8.1 亿美元。

大连周水子国际机场（IATA 代码：DLC）始建于 1972 年 10 月，位于大连市甘井子区，现已成为国家一级民用国际机场，是国内主要干线机场和国际定期航班机场之一，距离市区约 20 千米，机场飞行等级为 4E 级，占地面积 284.46 公顷，飞行跑道长 3300 米，停机坪面积 20 万平方米，航站楼总面积 13.6 万平方米，装备有先进的航管、通信及导航设施，各种地面服务设施齐全，可满足旅客吞吐量 1600 万～2000 万人次的需求，如图 2－3。2015 年之前，是东北三省年客流吞吐量第一的机场。

大连周水子机场与俄罗斯、日本通航城市数量分别列全国第 1 位和第 2 位，已成为中国东北腹地和环渤海地区最繁忙、最开放的区域性枢纽空港。目前，大连周水子国际机场已开通国内外航线 154 条，通往 13 个国家、2 个

图 2-3　大连周水子机场

地区的 90 个城市，与 14 家国内超千万大型机场积极开展战略合作，提升了综合竞争力。

（三）哈尔滨市

哈尔滨市是黑龙江省省会，地处松花江畔，滨州、滨绥、哈大铁路交汇处，是东北北部经济中心和水路交通枢纽。总面积 5.31 万平方千米，总人口约 1063.5 万，其中，市区人口约 587.9 万。哈尔滨的飞机制造业在我国航空工业中占有重要地位，生产的国产 Y-12 型飞机，性能良好，质量可靠，并打入国际市场，得到了用户及航空界的好评。

哈尔滨是中国著名的历史文化名城和旅游城市，素有“共和国长子”“冰城”“天鹅项下的珍珠”“东方莫斯科”“东方小巴黎”以及“冰城夏都”等美称。对于游客来说，每年旅游的最佳季节是 12 月至次年 1 月，此时，满目的银装素裹，虽然寒冷，却到处可以看到与江南水乡迥异的冰天雪地景色，这时，可以一睹哈尔滨的冰灯、雪雕美景，欣赏冰雪文艺晚会，还可以参加很多冰雪娱乐项目。另外，7 月至 9 月的夏季，对游客而言，绝对是理想的避暑季节。

哈尔滨太平国际机场（IATA 代码：HRB）地处东北亚中心位置，是东南亚至北美航线的最佳经停点，是中国东北地区乃至东北亚的重要空中交通枢纽之一，是黑龙江省的枢纽机场，距离哈尔滨市区 33 千米，现为中国东北地区最繁忙的三大国际航空港之一，是东北地区继大连、沈阳机场后国家正式批复的三座"门户机场"之一，是全国通航俄罗斯航线最多的机场。目前共有四家航空公司在哈尔滨太平国际机场设立基地公司，如图 2－4。

图 2－4　哈尔滨太平国际机场

哈尔滨太平国际机场始建于 1979 年，1998 年更名为哈尔滨太平国际机场，机场飞行区等级为 4E 级，拥有一条水泥跑道，全长 3200 米，宽 45 米。目前，站坪占地 3.6 万平方米，候机楼占地 6 万平方米，航管楼占地 3500 平方米，还有其他附属设施和保障系统、配套项目。目前，哈尔滨太平国际机场扩建前期准备已经启动。扩建工程完成后，至 2020 年，哈尔滨太平国际机场年旅客吞吐量将达 1800 万人次，是目前吞吐量的近 3 倍，货邮吞吐量将达 17.5 万吨。

【阅读材料】

飞机的躯干——机身

飞机的机身是载人和装货物用的。从航空专业角度看，机身在飞机结构中的重要作用是把飞机的各个部分连接到一起。具体而言，机身的前部是驾驶舱，中部与机翼连接，尾部连着尾翼，机身的下面还有起落架。它既要载人载物，还要起到连接飞机其他部分的作用，在空中受到的阻力还必须尽量小。这些条件决定了机身的形状必须是长筒形。为了减少阻力，前端要缩小；为了防止尾巴在起飞时擦地，机尾要向上翘起并且缩小。典型的机身都是一个中间粗、两头小的长筒。大型飞机由一组成型的隔框用多根长梁串接起来构成骨架，外边再用蒙皮包上就形成了机身。机身中间的多数隔框规格尺寸完全相同，一是为了加工方便；二是制造厂家可以在中间添加几个隔框，就能使机身加长，反之，减少几个隔框，也可以使机身缩短。这样，同一种型号的飞机就变得可伸可缩，出现一系列的变形，从而满足各种航空公司和不同业主的要求。

作业：

1. 试介绍东北区的区域概况。
2. 通过查找资料，试介绍桃仙国际机场。

第二节　华北区

一、区域概况

华北区包括北京、天津两市，河北、山西两省以及内蒙古自治区。北邻东北区，西、南与西北区、中南区相接，东临黄海、渤海。总面积 156.4 万平方千米，总人口约 2.82 亿。本区是连接东北、西北、东南和中南的中央枢纽，在全国交通运输中处于中枢地位。本区又是首都北京所在地，历史悠久，经济发达，是中国北方经济重心，是环渤海经济圈的主体部分。水资源短缺是本区经济发展的重要限制性因素。

二、主要空港城市及其机场分布

华北地区主要机场及其代码见表 2－2。

表 2－2　华北地区主要机场及其代码

机场名称	代码	省市	机场名称	代码	省市
北京首都国际机场	PEK	北京	阿尔山机场	YIE	内蒙古
北京南苑机场	NAY	北京	包头二里半机场	BAV	内蒙古
天津滨海国际机场	TSN	天津	赤峰玉龙机场	CIF	内蒙古
石家庄正定机场	SJW	河北	通辽机场	TGO	内蒙古
秦皇岛山海关机场	SHP	河北	乌海机场	WUA	内蒙古

（续表）

机场名称	代码	省市	机场名称	代码	省市
邯郸机场	HDG	河北	巴彦淖尔机场	RLK	内蒙古
唐山三女河机场	TVS	河北	鄂尔多斯机场	DSN	内蒙古
太原武宿国际机场	TYN	山西	二连浩特赛乌苏国际机场	ERL	内蒙古
长治王村机场	CIH	山西	乌兰浩特机场	HLH	内蒙古
大同云冈机场	DAT	山西	锡林浩特机场	XIL	内蒙古
运城公关机场	YCU	山西	海拉尔东山机场	HLD	内蒙古
呼和浩特白塔机场	HET	内蒙古	满洲里西郊机场	NZH	内蒙古

（一）北京市

北京市是中华人民共和国首都，简称京，位于华北平原北端，东南与天津相连，其余被河北省所环绕。北京市面积 1.7 万平方千米，人口约 2069.3 万。北京市是世界著名的大城市，是全国政治、经济、文化中心和最大的陆空交通枢纽。北京有着 3000 余年的建城史和 860 年的建都史，是“中国四大古都”之一，具有一定的国际影响力。

北京荟萃了自元明清以来的中华文化，拥有众多名胜古迹和人文景观，是全球拥有世界文化遗产最多的城市。北京在历史上曾是六朝都城，在 2000 多年里，建造了许多宏伟壮丽的宫廷建筑，使北京成为中国拥有帝王宫殿、园林、庙坛和陵墓数量最多、内容最丰富的城市，其中，北京故宫是明、清两代的皇宫，住过 24 个皇帝，建筑宏伟壮观，完美地体现中国传统的古典风格和东方格调，是中国乃至全世界现存最大的宫殿，是中华民族宝贵的文化遗产。北京市旅游资源丰富，对外开放的旅游景点达 200 多处，这里，有世界上最大的皇宫——紫禁城、最大的祭天神庙——天坛、最大的皇家花园——北海、最大的皇家园林——颐和园和圆明园，还有八达岭长城、慕田峪长城以及世界上最大的四合院——恭王府等名胜古迹。北京市旅游业发展迅速，已成为全国最大的旅游中心城市和旅游者集散地。

北京对全国航空运输的发展有着举足轻重的作用。目前，北京除了建有北京首都国际机场外，还南苑机场、西郊机场（军用）等。

北京首都国际机场（IATA 代码：PEK），简称首都机场或北京机场，是中国三大门户复合枢纽之一、环渤海地区国际航空货运枢纽群成员、世界超大型机场。北京首都国际机场位于北京市顺义区，距北京天安门广场 25 千米。机场飞行区等级为 4F，拥有三座航站楼、两条 4E 级跑道、一条 4F 级跑道以及旅客、货物处理设施。机场原有一号航站楼和二号航站楼，2008 年建成的三号航站楼和第三条跑道（3800 米×60 米，满足 F 类飞机的使用要求）位于机场东边。几乎所有北京的国内国际航班均在北京首都国际机场停靠和起飞。机场和北京市区由北京机场高速公路连接，在路况良好的情况下，只需约 40 分钟即可到达。为了迎接 2008 年奥运会，北京还修建了一条北京地铁机场线，从市区东直门到达北京首都国际机场 T2 航站楼大约需要 15 分钟。

北京首都国际机场建成于 1958 年。1980 年 1 月 1 日，T1 航站楼及停机坪、楼前停车场等配套工程建成并正式投入使用。1999 年 11 月 1 日，T2 航站楼正式投入使用，同时 T1 航站楼开始停用装修。2004 年 9 月 20 日，T1 航站楼重新投入使用。2008 年春，机场扩建工程（T3 航站楼）完工。截至 2017 年 7 月，北京首都国际机场拥有三座航站楼，面积共计 141 万平方米；有两条 4E 级跑道、一条 4F 级跑道，314 个机位，共开通国内外航线 252 条。

北京首都国际机场是星空联盟、天合联盟、寰宇一家等世界三大航空联盟的重要成员，图 2－5 为北京首都国际机场。

图 2－5　北京首都国际机场

（二）天津市

天津市，简称津，位于环渤海经济圈的中心，面积1.19万平方千米，人口约1354.58万，是中华人民共和国的直辖市；又是华北地区的工商业中心和外贸口岸，是中国北方最大沿海开放城市。天津具有较完整的轻、重工业体系，是综合性的工业城市。

2006年3月22日，国务院常务会议将天津完整定位为“环渤海地区经济中心、国际港口城市、北方经济中心、生态城市”，并将“推进滨海新区开放”纳入国家战略，设立为国家综合配套改革试验区；2009年11月10日，国务院批复同意天津市调整滨海新区行政区划，经济进入高速发展时代，增速连续多年位于全国领先位置，天津已经形成了“双城双港”的城市形态。

天津市位于滨海平原，具有建设机场的自然条件，又是我国北方的最大工业城市和外贸港口，具备发展航空运输的社会条件。

天津滨海国际机场（IATA：TSN），位于中国天津市东丽区，距市中心13公里，为4F级民用国际机场，是国际定期航班机场、对外开放的国家一类航空口岸和中国主要的航空货运中心之一。天津滨海国际机场前身为天津张贵庄机场，始建于1939年11月，1950年正式通航，2007年完成一期扩建工程，2014年8月完成二期扩建工程。

天津滨海国际机场拥有两座航站楼，分别为T1（国际及地区）、T2（国内），总建筑面积36.4万平方米、货库面积7.4万平方米；拥有跑道2条，机位59个。截至2016年底，机场开通航线180条、通航城市132个。

2016年，天津滨海国际机场完成旅客吞吐量1687.19万人次，同比增长17.9%；货邮吞吐量23.71万吨，同比增长9.1%；起降架次14.38万架次，同比增长14.4%；分别位居中国第20位、第13位、第20位。图2－6为天津滨海国际机场。

图 2-6 天津滨海国际机场

【阅读材料】

飞机的尾巴——尾翼

飞机的尾巴叫尾翼。装上尾翼，飞机在空中飞行时就不会翻滚。尾翼的竖直部分叫垂直尾翼，它的作用是防止飞行中的飞机向左右转弯或滚动；尾翼的水平部分叫水平尾翼，它的作用是防止飞行中的飞机向上、向下翻滚。在垂直尾翼上装上可以控制方向的方向舵，在水平尾翼上装上可以控制俯仰的升降舵，飞行员就可以控制飞机了。所以，尾翼是飞机必不可少的一部分。

作业：

通过查找网上资料，试介绍北京首都国际机场。

第三章 我国华东区和中南区航空运输地理

第一节 华东区

一、区域概况

华东区包括山东、江苏、安徽、浙江、江西、福建六省及上海市。面积约79万平方千米，人口约为3.9亿。该区人口密度大，城镇分布密集，是我国经济最发达的地区，特别是长江三角洲的沪宁杭地区是全国重要的经济重心之一。华东区内、区外经济联系紧密，交通便捷，上海是东部沿海最大的水、陆、空立体交通枢纽。

华东区内农业发达，是我国重要的稻米生产基地，水产品基地和棉花、油料等经济作物的产地。区内工农业生产水平高，许多工业产品产量居全国首位。该区的航空工业较为发达，上海飞机制造公司是我国能参加制造大中型现代化运输机的企业。

二、主要空港城市及其机场分布

华东地区主要机场及其代码，见表3-1。

表3-1 华东地区主要机场及其代码

机场名称	代码	省市	机场名称	代码	省市
济南遥墙国际机场	TNA	山东	武夷山机场	WUS	福建

（续表）

机场名称	代码	省市	机场名称	代码	省市
青岛流亭国际机场	TAO	山东	泉州晋江机场	JIN	福建
威海大水泊国际机场	WEH	山东	福州长乐国际机场	FOC	福建
潍坊南苑机场	WEF	山东	连城冠豸山机场	LCX	福建
烟台莱山机场	YNT	山东	阜阳机场	FUG	安徽
临沂机场	LYI	山东	安庆天柱山机场	AQG	安徽
济宁曲阜机场	JNG	山东	合肥新桥国际机场	HFE	安徽
东营机场	DOY	山东	黄山屯溪机场	TXN	安徽
南京禄口国际机场	NKG	江苏	上海虹桥国际机场	SHA	上海
徐州观音机场	XUZ	江苏	上海浦东国际机场	PVG	上海
南通兴东机场	NTG	江苏	衢州机场	JUZ	浙江
连云港白塔埠机场	LYG	江苏	义乌机场	YIW	浙江
盐城南洋机场	YNZ	江苏	宁波栎社国际机场	NGB	浙江
常州奔牛机场	CZX	江苏	杭州萧山国际机场	HGH	浙江
无锡硕放机场	WUX	江苏	温州永强机场	WNZ	浙江
淮安涟水机场	HIA	江苏	舟山普陀山机场	HSN	浙江
厦门高崎国际机场	XMN	福建	台州路桥机场	HYN	浙江

（一）上海市

上海市位于中国大陆海岸线中部长江口，又称上海滩，是中国四大直辖市之一，中国国家中心城市。面积6340.5平方千米，人口约2347万。

上海作为一个国际化大都市，每年举行各种各样的国际会议，其中，有商业的、政治的、文化的、艺术的；上海已成为中国了解世界、世界了解中国的一个窗口。上海拥有中国最大外贸港口和最大工业基地，货物吞吐量和集装箱吞吐量居世界第一。上海又是一座新兴的旅游城市，有浓厚近代城市文化底蕴和众多历史古迹，并成功举办了2010年世博会。

上海拥有虹桥机场和浦东机场两座国际机场。上海是东方航空、中国国际货运航空、中国货运航空和中国最大的两家民营航空企业——春秋航空股份有限公司和吉祥航空股份有限公司的主要基地。

在上海浦东国际机场建成之前，虹桥机场一直是中国最繁忙的机场。上海虹桥国际机场（IATA：SHA）位于中国上海市长宁区，距市中心 13 千米，为 4E 级民用国际机场，是中国三大门户复合枢纽之一、国际定期航班机场、对外开放的一类航空口岸和国际航班备降机场。

上海虹桥国际机场建成于 1907 年，建筑面积 51 万平方米；拥有跑道和滑行道各一条，跑道长 3400 米、宽 57.6 米，停机坪约 48.6 万平方米，共有 66 个机位。机场候机楼占地 8.2 万平方米，拥有 15 个候机大厅、18 个贵宾室和 15 条行李传输系统。图 3－1 为上海虹桥国际机场。

图 3－1　上海虹桥国际机场

上海浦东国际机场（IATA 代码：PVG）是中国（包括港、澳、台）三大国际机场之一（北京首都国际机场、上海浦东国际机场、香港中国机场并称中国三大国际航空港）。上海浦东国际机场位于浦东长江入海口南岸的滨海地带，占地 40 多平方千米，距上海市中心约 30 千米，距虹桥机场约 40 千米。浦东机场飞行区等级为 4F，共有三条跑道：第一条跑道建于 1999 年 9 月，同 T1 航站楼一起投入使用，长 4000 米、宽 60 米；第二跑道于 2015 年 3 月建成；第三条跑道于 2008 年 3 月建成，长 3400 米、宽 60 米。浦东机场共有两座航站楼，其中，1 号航站楼 27.8 万平方米，2 号航站楼 48.55 万平方米。

2015 年 3 月 29 日，上海浦东机场第四跑道降落了一架来自兰州的编号 MU2351 的空客 A320，这标志着浦东机场第四跑道的正式投用。这是国内首个拥有四条跑道的机场。目前，上海浦东机场第五跑道正在建设中，运行等级为 4E 级。图 3－2 为上海浦东国际机场航站楼。

图 3－2　上海浦东国际机场航站楼

（二）南京市

南京市位于长江下游，距长江出海口 300 千米。自古以来，南京就是沟通中原与长江三角洲的交通要津。南京市面积为 6597 平方千米，人口约 810 万，是江苏省政治、经济、文化中心，是沪宁杭地区的工商业城市和内河大港，是我国南北交通的咽喉。

南京有 2500 多年的建城史和近 500 年的建都史，是中国四大古都之一，有“六朝古都”“十朝都会”之称。在历史上，南京市长期是中国南方的政治、文化中心。南京有着厚重的文化底蕴和丰富的历史遗存，是中国首批国家历史文化名城和全国重点风景旅游城市。

南京禄口国际机场（IATA：NKG）位于南京市江宁区禄口街道，是国家主要干线机场、一类航空口岸，华东地区的主要货运机场，与上海虹桥机场、浦东机场互为备降机场，是国家大型枢纽机场、中国航空货物中心和快件集散中心、国家区域交通枢纽。距市中心直线距离约 36 千米，有一条 29 千米的机场高速公路通往市区；近来，已建成地铁通往南京南站；南京禄口机场和沪宁、宁杭、宁通、宁连等高速公路连接。

南京禄口国际机场于 1995 年 2 月开工建设，1997 年 7 月 1 日正式通航；2005 年被世界卫生组织授予“国际卫生机场”称号；2009 年旅客吞吐量突破千万人次，进入中国千万级大型机场行列；2014 年 7 月二期工程建成启用；2015 年 6 月开通南京至洛杉矶航线，南京成为中国第五个开通直达欧、澳、美三大洲定期客运航线的城市。截至 2015 年底，禄口机场为 4F 级机场，有两条 3600 米跑道、两座航站楼、两座货运站和一座交通中心，候机楼建筑面积 42.5 万平方米，机坪面积近 110 万平方米，规模居华东第二。已开通通往 70 多个国内主要城市、30 多个国际地区城市的近 150 条航线。2015 年，禄口机场完成运输起降 16.6 万架次，同比 2014 年增长 14.8%；旅客吞吐量 1915 万人次，同比 2014 年增长 17.6%；货邮吞吐量 32.4 万吨，同比 2014 年增长 6.6%。其中，禄口机场旅客吞吐量增长领先全国，在前 20 个千万级机场中增速居第 1 位。图 3－3 为南京禄口国际机场。

图 3－3　南京禄口国际机场

(三) 杭州市

杭州市位于钱塘江下游北岸、京杭大运河南端，是中国著名的风景旅游城市。面积约为16596平方千米，其中，市区面积3068平方千米。2011年，市区常住人口约873.8万。

杭州是中国八大古都之一，自古就有“上有天堂，下有苏杭”的美誉。杭州是全国重点风景旅游城市和首批历史文化名城。杭州还是古老神州的东南名都、鱼米之乡、丝绸之府、文物之邦，一直以物质财富丰饶繁盛和文化艺术源远流长而享有“人间天堂”的美誉。经过2000多年的保护、开发和建设，杭州从一个山中小县，出落成自然环境和人文底蕴相映生辉的国家历史文化名城，著名山水旅游胜地，东南沿海地区现代化的政治中心、经济中心、交通枢纽和文化都会。

杭州萧山国际机场（IATA：HGH)，位于浙江省杭州市萧山区，距市中心27公里，为4F级民用国际机场，是中国十二大干线机场之一、国际定期航班机场、对外开放的一类航空口岸和国际航班备降机场。2014年10月，成为实行72小时过境免签政策的航空口岸。

杭州萧山国际机场是由原杭州笕桥机场民航部分异地搬迁新建而成，工程于1997年7月正式动工，2000年12月建成通航。2007年11月，二期工程正式开工建设。图3-4为杭州萧山国际机场。

图3-4　杭州萧山国际机场

杭州萧山国际机场占地10平方公里，拥有三座航站楼，分别为T1、T3（国内）航站楼和T2（国际及港澳台）航站楼，共37万平方米；共有两条跑道，可满足A380及以下机型备降要求；客机停机坪110万平方米，登机桥49座，货机停机坪5.2万平方米，可满足年旅客吞吐量3300万人次、货邮吞吐量80.5万吨、航班起降量26万架次的保障需求。截至2015年底，机场共有机位127个，开通航线数量235条，其中国内航线196条。2016年，机场旅客吞吐量3159.5万人次、货邮吞吐量48.8万吨，分别位居全球第59位和第50位。

（四）厦门市

厦门市位于福建省南部沿海。全市由厦门岛、大嶝岛、鼓浪屿等岛屿和大陆沿岸地区共同组成，面积约1699平方千米，人口约367万。厦门市是一座美丽的海滨城市，风景秀丽，气候宜人，属于亚热带海洋性气候，是一个非常适合人类居住的城市。

厦门高崎国际机场（IATA：XMN），位于中国福建省厦门湖里区，距厦门市中心10千米，地处闽南金三角的中心地带，与台湾隔海相望，三面临海，环境优美，净空条件优越，具有良好的区位优势。厦门高崎国际机场飞行区等级为4E级，是中国东南沿海重要的区域性航空枢纽港，也是厦门航空有限公司的基地机场。厦门高崎国际机场于1983年建成通航。2014年12月28日，国际航空港T4候机楼正式启用，开启双楼运行，年旅客吞吐能力由原来的1500万人次上升至2700万人次。

厦门高崎国际机场拥有1条3400米长跑道、2条平行滑行道及10条联络道；停机坪总面积77万平方米，停机位89个；T3候机楼建筑面积为12.98万平方米，T4候机楼建筑面积为10.8万平方米；开通境内外航线182条，其中，境内航线145条，国际及地区航线37条。2016年累计保障安全飞行18.35万架次，完成旅客吞吐量2273.76万人次，完成货邮吞吐量32.84万吨。

【阅读材料】

飞机的腿——起落架

要想使飞机离开地面，必须把从零起步的速度提到一定程度，才能获得足够的升力支持飞机腾空而起。飞机离开地面前的这段加速过程犹如汽车，它需要在地面上启动、加速、保持方向。因此，飞机就必须安装轮子、传动机构和转向机构。一旦飞机飞到空中，这套装置就没用了；飞机落地时会对地面产生巨大冲击力，需要一种装置来承受缓冲，落地后的飞机还要刹车滑行减速。完成飞机这一系列功能的装置就叫起落架。其中，位于飞机重心附近、承受飞机大部分重量的是主起落架，这是一个有轮子的车架，可以在地面上支撑起飞机。为了减少飞机着陆时冲击带来的震动，在主起落架上安装了减震的装置。前起落架是由飞机的前轮和转动机构组成的，飞机飞行员通过控制前轮左右转动就可以让飞机在地面滑行中转弯了。

当飞机起飞以后，起落架很快就被收入到机身或机翼的隔舱中，把门一关，飞机外表变得很光滑，阻力大幅度减少。起落架在飞机上的配置形式通常有三种，即：后三点式、前三点式和自行车式。三种配置形式各有其优、缺点，各有其适用情况。

作业：

1. 通过查找网上资料，试介绍上海浦东国际机场。
2. 通过查找网上资料，试介绍南京禄口国际机场。

第二节　中南区

一、区域概况

中南区位于我国中部偏南，包括河南、湖北、湖南、广东、海南五省及广西壮族自治区。该区面积约 100 多万平方千米，人口约 7 亿。

本区经济发展的历史悠久，南部沿海一带经济发达。珠江三角洲是全国三大经济核心区之一，也是世界著名的制造业生产基地。

二、主要空港城市及其机场分布

中南地区的主要机场及其代码见表 3－2。

表 3－2　中南地区主要机场及其代码

机场名称	代码	省市	机场名称	代码	省市
郑州新郑国际机场	CGO	河南	南宁吴圩国际机场	NNG	广西
洛阳北郊机场	LYA	河南	桂林两江国际机场	KWL	广西
南阳姜营机场	NNY	河南	北海福成机场	BHY	广西
武汉天河国际机场	WUH	湖北	柳州白莲机场	LZH	广西
襄阳机场	XFN	湖北	梧州长洲岛机场	WUZ	广西
宜昌三峡机场	YIN	湖北	百色田阳机场	AEB	广西
恩施许家坪机场	ENH	湖北	广州白云国际机场	CAN	广东
长沙黄花国际机场	CSX	湖南	深圳宝安国际机场	SZX	广东
张家界荷花机场	DYG	湖南	湛江机场	ZHA	广东
常德桃花源机场	CGD	湖南	揭阳潮汕机场	SWA	广东
永州零陵机场	LLF	湖南	珠海金湾国际机场	ZUH	广东
怀化芷江机场	HJJ	湖南	梅县长岗岌机场	MXZ	广东
海口美兰国际机场	HAK	海南	佛山沙堤机场	FUO	广东
三亚凤凰国际机场	SYX	海南			

（一）广州市

广州市位于珠江三角洲中北部，倚珠江、面南海，毗邻香港和澳门，面积约 7434 平方千米，人口约 1270 万，是中国第三大城市。广州是沿海开放型城市，地理位置十分优越，中国第二大河流珠江穿城而过，素有中国“南大门”之称。广州也是华南地区的经济、文化、科技和教育中心，交通枢纽；中国南方最大、历史最悠久的对外通商口岸，是世界著名的港口城市之一。随着对外贸易的不断发展，广州国际门户作用更为显著。

广州白云国际机场（IATA：CAN），是位于中国广东省广州市北部约 28 公里的民用机场，地处广州市白云区人和镇和花都区新华街道、花东镇交界处，机场飞行区等级为 4F 级，是中国三大门户复合枢纽机场之一，世界前百位主要机场。机场前身为民国二十一年（1932）始建的旧白云机场。1963 年，名称变为“广州白云国际机场”。2004 年 8 月 5 日，新广州白云国际机场正式启用。

广州白云国际机场有 3 条跑道和 1 座航站楼，远期规划为 5 条跑道和 3 座航站楼。2015 年，广州白云国际机场旅客吞吐量 5521 万人次、货邮吞吐量 154 万吨，均位居全国第三。2016 年，广州白云国际机场旅客吞吐量 5978 万人次、货邮吞吐量 165 万吨。图 3－5 为广州白云国际机场。

图 3－5　广州白云国际机场

（二）桂林市

桂林市位于广西壮族自治区东北部，湘桂走廊南端。面积约 2.78 万平方千米，其中，市区面积 565 平方千米，人口约 500 万，气候温和湿润。桂林是中国优秀旅游城市，因漓江而魅力无穷，享有名闻天下的“山水甲天下”之美誉。

桂林两江国际机场（IATA 机场代码：KWL），简称“两江机场”，位于桂林市临桂区两江镇，距市中心约 28 公里，是衔接“一带一路”的南北陆路新通道和面向东盟国家重要城市国际性机场、国务院定位的国际旅游航空枢纽及国际一级民用 4F 级干线机场。

1991 年 9 月，经国务院、中央军委正式批准立项，并于 1993 年 7 月开工建设。1996 年 10 月 1 日，两江国际机场正式建成通航。2015 年 7 月 28 日，桂林是全国唯一一个获批两项（入、过）境（免签）签证便利政策的城市；并且，桂林两江国际机场也是继北京、上海、广州、成都、重庆、沈阳、大连和西安之后，中国第 9 个实现 72 小时过境免签政策的机场，也是广西唯一一个过境免签的机场及 4F 级机场。

2015 年以桂林两江国际机场为主运营基地成立桂林航空，是国内唯一由地级市设立的航空公司，主要经营国内客货运输业务，以桂林为核心，辐射华中、华东、华南，构建“两小时空中巴士交通圈”。如图 3 - 6 为桂林两江国际机场。

图 3 - 6　桂林两江国际机场

（二）武汉市

武汉市，又称江城，是湖北省省会，面积约 8.49 万平方千米，人口约 1002 万。世界第三大支流长江及其最长支流汉江流经市区，将武汉划分为武昌、汉口、汉阳三镇。李白曾在此写下“黄鹤楼中吹玉笛，江城五月落梅花”的优美诗句，因此，武汉又被称为江城。武汉淡水资源十分丰富，在武汉城区面积中，水域面积占了约 1/4。

武汉是中国重要的水陆交通枢纽，是在全国仅次于北京、上海的第三大铁路枢纽，是华中地区经济、文化、交通、外交中心和最大的商品集散地，因其独特的地理位置，武汉又被称为“九省通衢”之地。武汉是一座现代化的旅游城市，被称为东方芝加哥，具有承东启西、连南接北、吸引四面、辐射八方的区位优势。

武汉天河国际机场（IATA：WUH），位于中国湖北省武汉市黄陂区，距武汉市中心25公里，为4F级民用国际机场，是中国八大区域性枢纽机场之一、国际定期航班机场、对外开放的一类航空口岸及国际备降机场。2015年5月，机场成为实行72小时过境免签政策的航空口岸。

武汉天河国际机场于1995年4月15日正式建成通航，定名为武汉天河机场；2000年被确定为国际机场；2008年4月完成二期扩建工程。三期扩建工程于2013年6月实质性动工，2017年6月通过竣工验收，2017年8月通过行业验收，于2017年投入使用。

截至2017年7月，武汉天河国际机场拥有三座航站楼，总面积65.98万平方米；拥有两条跑道，长度分别为3400米和3600米；共有机位153个，货库2万平方米；可满足年旅客吞吐量3500万人次、货邮吞吐量44万吨、飞机起降40.4万架的需要；共开通国内外航线170条，其中国际（地区）航线53条。

2016年，武汉天河国际机场旅客吞吐量2077.2万人次，同比增长9.7%；货邮吞吐量17.53万吨，同比增长13.3%；运输起降架次17.5万架次，同比增长6.9%，分别位居中国第14位、第16位、第16位。

武汉天河国际机场T3航站楼定于2017年8月31日06：00正式启用。届时，原T1、T2航站楼所有航班、大巴、出租车等均转移至T3航站楼运营。图3-7为武汉天河国际机场。

图3-7　武汉天河国际机场

（四）海口市

海口市是海南省省会，位

于海南省东北；是南渡江入海口、铁路轮渡入口。海口市北隔琼州海峡与广东雷州半岛相对望。海口迷人的阳光、沙滩、海水、绿色、空气使这里成为国内外游客的度假天堂。

海口美兰国际机场（IATA：HAK），位于中国海南省海口市美兰区灵山镇，距市区约22千米，为4E级民用国际机场，是中国重要的支线机场之一，2011年12月成为中国国内首家拥有离岛免税店的机场。海口美兰国际机场于1999年5月25日正式通航，于2002年11月在香港上市。

海口美兰国际机场占地面积1140公顷，飞行区等级为4E级，机场跑道长3600米、宽45米；平行滑行道长3600米、宽23米；航站楼总规模近15万平方米，站坪总面积79万平方米，站坪机位78个。2016年，海口美兰国际机场旅客吞吐量达1880万人次，位列中国民航机场第18位，同比去年客流量增长16.3%。

【阅读材料】

飞机上的电力与灯光

飞机不仅需要用电让许许多多的灯亮起来，其他15000多种电器也需要电，如果缺少电力供应，所造成的后果对飞机来说是非常严重的。

飞机上装有自己的发电设备，它不仅重量轻、功率大，而且所发的电质量也高。飞机在运行的任何时候都不能停电。为此，在飞机上设置了三条防线。第一条防线是大型客机用两台发动机带动两台发电机发电。每一台发电机所发出的电力足以供给整架飞机的需要。平时，两台发动机同时工作，但每一台都不是满负荷运转，一旦其中某一台发生故障，剩下的一台立刻进入满负荷工作状态。第二条防线是在机尾加装了一台小型的涡轮发动机和发电机。第三条防线是备有蓄电池，一旦需要时，它保证向重要的设备和仪表供应电力。

飞机上装有各式各样的灯。在客舱和驾驶舱都装有柔和的日光色照明灯；在客舱中每个座位的上方还装有供每位旅客使用的阅读灯，但是，最能引人注目的是飞机外部的灯光。缤纷的色彩、闪烁不停的灯光把夜航的飞机打扮得如同天使一般。民航条例规定，左翼尖的灯光为红色，右翼尖的灯光为绿色，尾翼是白（黄）色灯光。根据飞机的航行灯“左红右绿尾白”的规则，从一架飞机航行灯的颜色就可以判断出它是朝你飞来，还是离你而去，这点对夜航的飞行安全非常重要。

为了帮助飞行员在飞机着陆及滑行时看清楚下面及前面的跑道，在飞机上还装有着陆灯和滑行灯。着陆灯是当飞机下降到离跑道不远时使用的，灯光照向下方；滑行灯是飞机着陆后使用的，灯光照向前方，这两个灯的开关由飞行员控制。

作业：

1. 通过查找资料，试介绍广州白云国际机场。
2. 通过查找资料，试介绍武汉天河国际机场。

第四章 我国西南区和西北区航空运输地理

第一节 西南区

一、区域概况

西南区包括重庆市、四川省、云南省、贵州省和西藏自治区。地处我国西南边陲，北邻我国西北区、新疆，东与中南区相接，南与越南、老挝、缅甸、尼泊尔、不丹、印度接界，面积为 230 万平方千米，人口约 2 亿。

西南地区地域辽阔，资源丰富，但地形复杂多变，地势起伏不平，陆路交通极为不便，公路、铁路造价较高。这样的地形条件对航空运输提出了较大的需求；同时，也对机场建设、航路设置、飞行安全产生了制约。

二、主要空港城市及其机场分布

（一）重庆市

重庆市是中华人民共和国的中央直辖市，位于长江上游，是中国面积最大的直辖市，面积上类似一个省，是一个集大城市、大农村、大山区、大库区为一体的组团大城市，面积约有 8.2 万平方千米；其中，主城区建城面积 647.78 平方千米，人口约为 2884 万。

西南地区主要机场及其代码见表 4 - 1。

表 4-1 西南地区主要机场及其代码

机场名称	代码	省市	机场名称	代码	省市
成都双流国际机场	CTU	四川	安顺黄果树机场	AVA	贵州
绵阳南郊机场	MIG	四川	昆明长水国际机场	KMG	云南
宜宾莱坝机场	YBP	四川	丽江三义机场	LJG	云南
九寨沟黄龙机场	JZH	四川	西双版纳嘎洒机场	JHG	云南
攀枝花保安营机场	PZI	四川	大理机场	DLU	云南
泸州蓝田机场	LZO	四川	德宏芒市机场	LUM	云南
西昌青山机场	XIC	四川	迪庆香格里拉机场	DIG	云南
万县五桥机场	WXN	四川	普洱思茅机场	SYM	云南
达州河市机场	DAX	四川	保山云端机场	BSD	云南
南充高坪机场	NAO	四川	邵通机场	ZAT	云南
广元盘龙机场	GYS	四川	临沧机场	LNJ	云南
甘孜康定机场	KGT	四川	文山普者黑机场	WNH	云南
重庆江北国际机场	CKG	重庆	腾冲驼峰机场	TCZ	云南
铜仁凤凰机场	TEN	贵州	拉萨贡嘎机场	LXA	西藏
黎平机场	HZH	贵州	昌都邦达机场	BPX	西藏
黔南荔波机场	LLB	贵州	林芝米林机场	LZY	西藏
兴义机场	ACX	贵州	日喀则和平机场	RKZ	西藏
贵阳龙洞堡国际机场	KWE	贵州	阿里昆莎机场	NGQ	西藏

重庆是长江上游最大的内河港口、主航道的起始点，对西南区内外的物资交流及三峡旅游区的开放起着重要的作用。交通运输以水运和铁路为主，由于水文、地形因素使地面运输时间较长，随着经济的开放，对航空的需求量迅速增加。重庆地处四川盆地，年平均雾日高达 70 多天，有“雾都”之称。大雾使机场能见度降低，影响航班正点率。可见，重庆的地理条件一方面对航空运输提出较大的需求，另一方面又对航空运输的发展起到一定的制约作用。

重庆江北国际机场（IATA：CKG），位于中国重庆市渝北区两路街道，距离市中心19公里，为4F级民用国际机场，是中国八大区域枢纽机场之一；2013年12月成为中国第五个实行72小时过境免签政策的航空口岸。

重庆江北国际机场于1990年1月22日正式建成通航，定名为重庆江北机场；1998年更名为重庆江北国际机场。2016年，重庆江北国际机场旅客吞吐量3588.88万人次，同比增长10.8%；货邮吞吐量36.11万吨，同比增长13.3%；起降架次27.68万架次，同比增长8.4%；分别位居中国第9位、第10位、第8位。

重庆江北国际机场T3A航站楼及第三跑道于2017年8月29日06：00启用。同时，T1航站楼暂定使用，除四川航空、西部航空、华夏航空、春秋航空的国内航班驻留T2航站楼外，其余的航班调整至T3A航站楼进出港。

（二）成都市

成都市位于四川省中部，地处四川盆地西部的成都平原腹地，是中国中西部重要的中心城市之一。面积约为1.26万平方千米，人口约为1404万。

成都双流国际机场（IATA：CTU）位于中国成都市双流区中心城区西南方向，距离成都市区16公里，机场飞行区等级为4F级，是中国八大区域枢纽机场之一、中国内陆地区的航空枢纽和客货集散地。

成都双流国际机场前身是民国二十七年（1938）建设的成都双桂寺机场。1956年12月12日，成都双桂寺机场更名为成都双流机场。1995年11月30日，成都双流机场被批准更名为成都双流国际机场。2012年8月9日，成都双流国际机场二号航站楼正式运行。

成都双流国际机场现有2座航站楼，候机面积50万平方米，可满足年旅客吞吐量5000万人次需求，建有3座航空货运站；有2条平行跑道，有3个飞机停放区，总面积约100万平方米；共设置停机位178个，其中，近机位74个、远机位104个；开通航线270条，通航国内外城市209个。

2016年，成都双流国际机场完成旅客吞吐量4603.9万人次，同比上年增长9%；完成货邮吞吐量61.15万吨，同比上年增长9.9%；完成起降31.93万架次，同比上年增长8.8%。图4-1为成都双流国际机场。

图 4-1　成都双流国际机场

（三）昆明市

昆明市是云南省省会，面积约 2.15 万平方千米，人口约 726 万人，是面向东南亚、南亚开放的门户枢纽；同时，也是中国著名的历史文化名城和优秀旅游城市。因夏无酷暑、冬无严寒、气候宜人，具有典型的温带气候特点，素以“春城”而著称。昆明拥有世界自然遗产——云南石林。

昆明长水国际机场（IATA：KMG）位于云南省昆明市官渡区长水村，在昆明市东北 24.5 公里处，由云南机场集团有限责任公司运营管理，为全球百强机场之一，是中国八大区域枢纽机场、国际航空枢纽，与乌鲁木齐地窝堡国际机场并列为中国两大国家门户枢纽机场。

昆明长水国际机场于 2008 年 12 月 5 日正式开工建设，2011 年 5 月 1 日，国家民航总局正式批复定名昆明新机场为昆明长水国际机场。2012 年 6 月 28 日，昆明机场由昆明巫家坝国际机场整体搬迁至长水国际机场运营。

昆明长水国际机场现有两条跑道，东跑道长 4500 米，西跑道长 4000 米；机位数量（含组合机位）161 个；可保障旅客吞吐量 3800 万人次、货邮吞吐量 95 万吨、飞机起降 30.3 万架的运行需要。

2015 年，昆明长水国际机场共保障航班起降 30.04 万架次，完成旅客吞吐量 3752.30 万人次，完成货邮吞吐量 35.54 万吨，年旅客吞吐量位列世界机场第 46 位。

（四）拉萨市

拉萨市是西藏自治区首府。长期以来，拉萨市就是西藏的政治、经济、文化和宗教的中心，是一座具有 1300 年历史的古城。拉萨市位于西藏自治区东南部，雅鲁藏布江支流拉萨河北岸，海拔 3650 多米，是世界上海拔最高的城市之一。

拉萨贡嘎国际机场（IATA：LXA）位于西藏自治区山南市贡嘎县甲竹林镇，坐落在壮丽的雅鲁藏布江南岸，海拔 3600 米，跑道长 4000 米，宽 45 米，机场等级 4E，可供波音 747、空中客车 A340 等大型飞机起降。

拉萨贡嘎国际机场是世界上海拔最高的军民合用机场之一，配套有拉萨至贡嘎机场专用公路（即拉萨机场高速公路）。2012 年 8 月 16 日，贡嘎机场以单日安全保障航班起降 74 架次再创历史新高。2015 年，拉萨贡嘎国际机场完成运输起降 2.8 万架次，旅客吞吐量 291 万人次，居中国第 48 位；拉萨贡嘎国际机场与林芝米林机场、昌都邦达机场、日喀则和平机场、阿里机场等机场互补。图 4－2 为拉萨贡嘎机场。

图 4－2　拉萨贡嘎机场

【阅读材料】

飞机怎样上升和下降？

飞机的飞行是靠与空气的相对运动产生升力来支撑的，这跟汽车在地面上行驶受到路面的坚实支撑是大不一样的。升力的大小主要是由飞机运动的速度和仰角决定的。如果使飞机向上，必须加大推力提高速度，然后，操纵驾驶杆抬起机头，机翼的仰角随之增大，升力进一步增加，飞机就向上爬升。飞机在爬升时，也要加大油门增加推力，但爬升坡度也要适度。如果坡度太大，即使飞机仰着头，一旦动力不足，它就会向下降落，这种情况就比较危险。飞机准备降落时，飞行员向前推动驾驶杆，机头逐渐朝下，与此同时，降低飞行速度，飞机才能平稳下滑。此时，如果飞机以小角度下降而速度不减甚至加大，极有可能机头虽然朝下，但飞机整体却向上飘动。

作业：

通过查找资料，试介绍拉萨贡嘎机场。

第二节　西北区

一、区域概况

西北区包括陕西省、青海省、甘肃省和宁夏回族自治区，面积约 145 万平方千米，人口约 7400 万。西北地区地广人稀，地形多变，气候较为干燥。西北区地处内陆，交通以铁路为主，但是，因为自然条件复杂，地面交通困难多，发展航空运输势在必行。

二、主要空港城市及其机场分布

西北地区主要机场分布及其代码见表 4－2。

表 4－2　西北地区主要机场及其代码

机场名称	代码	省市	机场名称	代码	省市
西安咸阳国际机场	XIY	陕西	天水麦积山机场	THQ	甘肃
汉中西关机场	HZG	陕西	张掖甘州机场	YZY	甘肃
延安二十里堡机场	ENY	陕西	西宁曹家堡机场	XNN	青海

（续表）

机场名称	代码	省市	机场名称	代码	省市
榆林榆阳机场	UYN	陕西	格尔木机场	GQQ	青海
兰州中川机场	LHW	甘肃	玉树巴塘机场	YUS	青海
嘉峪关机场	JGN	甘肃	银川河东机场	INC	宁夏
敦煌机场	DNH	甘肃	中卫香山机场	ZHY	宁夏
庆阳机场	IQN	甘肃	固原六盘山机场	GYU	宁夏
金昌金川机场	JIC	甘肃			

（一）西安市

西安市位于中国内陆腹地，是一座典型的放射型城市。面积约为 9983 平方千米，人口约 846 万，有着三千年建城史，是世界著名的历史文化名城，古代丝绸之路北线最初起点。历史上包括西汉、唐在内的总共 13 个王朝都曾在此建都。作为中国的首都和政治、经济、文化中心长达 1000 多年，与罗马、雅典、开罗并称为世界四大古都。

西安市是中国中西部地区重要的科学研究、高等教育、国防科技工业和高新技术产业基地，中国重要的航天（航空）工业中心、机械制造中心、纺织工业中心。西安拥有较强的工业基础，是中国中西部地区科技实力最强、工业门类最齐全的特大城市之一。

西安是中外著名的旅游城市，其中，最著名的是骊山脚下的秦始皇陵。发掘出轰动世界的“秦始皇兵马俑”被誉为“世界第八大奇迹”。厚重的历史文化底蕴、悠久的历史文化积淀使西安享有“天然历史博物馆”之誉，而丰富的人文旅游资源吸引了大量中外游客。近十几年来，每年来此的游客日益增多，西安已成为大部分来华游客的必游之地。

西安咸阳国际机场（IATA：XIY），又称咸阳机场，位于西安市西北方向，距市中心 47 公里的陕西省咸阳市渭城区底张镇境内，是我国主要的干线机场、国际定期航班机场和全国十大机场之一、世界前百位主要机场。

西安咸阳国际机场飞行区等级 4F 级，有 2 条跑道，停机位 127 个，登机桥44个；三座航站楼，总面积35万平方米，值机柜台140个，安检通道36条；有8万平方米的综合交通枢纽，2.5万平方米的货运区和1.2万平方米的集中商业区。

咸阳国际机场现有的3座航站楼中，T3航站楼为东方航空、上海航空、南方航空、联合航空、四川航空的国内航班使用；T2航站楼为其他航空公司国内航班以及所有国际航班使用；T1航站楼已不再使用。

（二）兰州市

兰州市是甘肃省省会，是中国陆域版图的几何中心，面积约1.3万平方千米，人口约361万。兰州市是黄河唯一穿越市区中心而过的省会城市，市区依山傍水，山静水动，形成了独特而美丽的城市景观。南北群山对峙，东西黄河穿城而过，蜿蜒百余里。

兰州中川国际机场（IATA：LHW），位于兰州新区中川镇，机场飞行区等级4E。兰州中川国际机场为西北地区主干机场之一，是甘肃省省会兰州市的空中门户、西北地区的重要航空港、国际备降机场。

兰州中川国际机场始建于20世纪60年代末，1970年7月正式通航，1998年飞行区工程竣工，2001年航站区扩建完成。二期扩建工程2010年底开工建设，2013年正式提升为国际航空口岸，更名为兰州中川国际机场。

兰州中川国际机场跑道长4000米，宽60米，T1、T2航站楼面积约9万平方米，38个停机位，设有双向I类精密进近仪表着陆系统和I类进近灯光系统，可满足B747、A330等大型飞机安全起降要求。2016年，兰州中川国际机场旅客吞吐量1089.79万人次，同比增长36.1%；货邮吞吐量5.94万吨，同比增长18.7%；起降架次9.10万架次，同比增长34.3%；分别位居中国第28位、第32位、第31位。

【阅读材料】

飞机和航班的选择

人生常面临一个个选择，不同的选择会结出不同的人生之果。那么，该如何选择乘坐飞机呢？

一是应该选择坐大飞机。飞机越大，安全系数越高，小飞机、私人飞机都尽量少坐。

二是留心飞机的安全记录。按照比例来说，波音、空客飞机应该是最安全的，严格的质量控制，是决定波音、空客飞机安全性能的重要因素。

三是看航空公司的经济和技术实力。航空公司是否有雄厚的经济和技术实力，是否有先进的管理模式以及丰富的飞行经验，这是乘客需要考虑的。

四是尽量选择起飞飞机，减少转机次数。

作业：

通过查找资料，试介绍西安咸阳国际机场。

第五章 我国新疆区航空运输地理

一、新疆维吾尔自治区概况

新疆维吾尔自治区，简称“新”，位于欧亚大陆中部，地处中国西北边陲，总面积约166.49万平方千米，占中国陆地总面积的1/6，周边与俄罗斯、哈萨克斯坦、吉尔吉斯斯坦、塔吉克斯坦、巴基斯坦、蒙古、印度、阿富汗等8个国家接壤，陆地边境线长5600多千米，占中国边境线的1/4，是中国面积最大、陆地边境线最长、毗邻国家最多的省级行政区。境内与甘肃、青海、西藏相邻。地形以山地与盆地为主，地形特征为“三山夹两盆”。新疆维吾尔自治区首府是乌鲁木齐市。

二、主要空港城市及其机场分布

乌鲁木齐，古准噶尔蒙古语的意思是“优美的牧场”。乌鲁木齐位于新疆维吾尔自治区中北部，面积1.42万平方千米，全市人口约262万，现辖7区1县。乌鲁木齐是我国五个省级民族自治区域之一的新疆的首府，是全疆的政治、经济、文化的中心，是中国西部对外开放的重要门户，新欧亚大陆桥中国西段的桥头堡，地处亚洲大陆地理中心，是欧亚大陆中部重要的都市。

新疆地区主要机场及其代码见表5-1。

表 5－1　新疆地区主要机场及其代码

机场名称	代码	省市	机场名称	代码	省市
乌鲁木齐地窝堡机场	URC	新疆	阿克苏机场	AKU	新疆
和田机场	HTN	新疆	库尔勒机场	KRL	新疆
伊宁机场	YIN	新疆	喀什机场	KHG	新疆
克拉玛依机场	KRY	新疆	且末机场	IQM	新疆
塔城机场	TCG	新疆	哈密机场	HMI	新疆
阿勒泰机场	AAT	新疆	那拉提机场	NLT	新疆
博乐阿拉山口机场	BPL	新疆	吐鲁番交河机场	TLQ	新疆
布尔津喀纳斯机场	KJI	新疆	库车机场	KCA	新疆

乌鲁木齐地窝堡国际机场（IATA：URC）位于新疆维吾尔自治区首府乌鲁木齐市郊西北地窝堡，距市区 16.8 公里，与昆明长水国际机场并列为中国两大国家门户枢纽机场，是国家民用一级机场，是中国国际航空枢纽机场。乌鲁木齐机场原为中苏民用航空机场，1970 年 7 月经国务院批准进行扩大规模扩建。1973 年建成并对外开放。

乌鲁木齐国际机场飞行区等级 4E，机场标高 647.67 米，2 条 3600 米跑道，有 T1、T2、T3 三个航站楼，总面积 18.5 万平方米，货运库 6 万平方米，停机位 93 个，廊桥 34 座；可满足年旅客吞吐量 1730 万人次，年货邮吞吐量 27.5 万吨，年起降 15.5 万架次的保障能力。

【阅读材料】

乘坐飞机优缺点

乘坐飞机的优点在于：一是速度快，价格还可以打折；二是飞机是最安全的交通工具，坐飞机也是一种享受，毕竟在万米高空的感觉不是在陆地上生活的我们经常能感受的；三是坐飞机感受的服务态度会比较好，可以要求靠窗的位置；四是如果因飞机自身的原因，导致飞机晚点，在吃饭时间，航空公司会提供免费餐食；五是飞机上的座位很舒服。

乘坐飞机的缺点在于：一是相对于其他交通工具，飞机票的价格还是比较高的；二是机票有时会超售，去晚了机场有可能上不了飞机；三是乘飞机的规定很多，如手机需要关机，需要安检，宠物不能上飞机，小刀之类的金属器件要放在行李箱内等；四是飞机升降的时候会让人感觉耳鸣、晕机；五是机场一般离市区很远，而且很多小地方没有机场，通常从飞机上下来，还要坐火车或者汽车；六是飞机毕竟飞行在万米高空，气压和地面不一样，虽然机舱里有增压设备，但实际机舱气压相当于离地面 3000 米左右的高度的气压。

第六章 我国港澳台地区航空运输地理

一、香港概况

香港，全称中华人民共和国香港特别行政区，是世界上最大、最繁忙的国际大都市之一；在全球，香港是仅次于纽约、伦敦的第三大金融中心。香港位于南中国海沿岸，地处珠江口以东，北接广东深圳，南望万山群岛，西迎澳门和广东珠海。香港的人口约为700多万，总面积1070平方千米。1842—1997年，香港曾为英国的殖民地。1997年7月1日，中国恢复对香港行使主权。

香港是重要的国际金融、服务业及航运枢纽，并且以廉洁社会、优良治安、经济自由及法律制度完备而闻名于世。香港在全球金融中心指数排名中一直名列前茅，连续18年获得全球最自由经济体系的评级，经济自由度指数排名第一。香港同时为全球其中一处最安全、富裕、繁荣、生活水平高及人均寿命最长的国际大都会，有“东方之珠”“动感之都”“美食天堂”及“购物天堂”等美誉，亦因拥有壮丽而近在咫尺的郊野公园，于2012年被英国《经济学人》选为“全球最宜居城市”。

香港国际机场（IATA：HKG），位于中国香港特别行政区的新界大屿山赤鱲角，机场设有164个停机位，两条跑道，跑道长度3800米，24小时全天候运作；香港国际机场被Skytrax评为五星级飞机场。

香港国际机场于1998年7月6日正式启用，由香港机场管理局管理，为香港现时唯一运作的民航飞机场。香港国际机场一直坚守“安全、营运效率、顾客服务及环境”四大原则，先后超过60次获选为全球最佳机场。机场拥有两座客运大楼及两条跑道，为香港带来巨大的社会及经济价值。机场与业务约有 73000 名人员紧守岗位，巩固了香港在国际及区域的主要航空物流中心地位。为应付机场的长远需求增长，正计划将机场扩建成为拥有三跑道的世界级顶级机场。图 6-1 为香港国际机场。

图 6-1　香港国际机场

二、澳门概况

澳门，简称澳，通称濠江、赌城、梳打埠，或作海镜、镜海，是中华人民共和国的两个特别行政区之一，也是世界第一赌城。其位于南中国海沿岸，地处珠江口以西，东面与香港相距 63 千米。澳门是世界上人口密度最高的地区，每平方千米人口达 20000 人。

1553 年，葡萄牙人取得澳门居住权，经过 500 多年欧洲文明的洗礼，东西文化的融合共存使澳门成为一个风貌独特的城市，留下了大量的历史文化遗迹。1999 年 12 月 20 日，澳门回归中国之后，经济迅速增长，比往日更繁荣，是“一国两制”的成功典范。其著名的轻工业、美食、旅游业、酒店和娱乐场所使澳门长盛不衰，澳门成为亚洲最发达、最富裕的地区。

澳门国际机场（ITAT：MFM）是中华人民共和国澳门特别行政区内唯一的机场，1995 年 11 月正式投入运作。它是珠江三角洲与世界各地之间的重要桥梁，全天 24 小时运作。从空中望去，它的平面结构犹如一把方天戟头，直指海疆，气势恢宏。澳门国际机场的跑道建于一个条状的填海地段之上，与凼仔岛上的主楼及空中交通管制设施相连接。跑道与裙楼之间由两条桥相连接。它的设计客运量为每年 600 万乘客。控制塔位于原来的“一粒米”之上，于 1996 年完工。

2014 年澳门国际机场旅客运输量达 548 万人次，比 2013 年上升了 9%；机场货运量为 2.8 万吨，较 2013 上升 8.7%；机场航班升降架次超过 5.2 万次，比 2013 年上升了 7.4%；机场公务机升降架次为 2791 架次，比 2013 年上升 29.15%。2014 年澳门国际机场的营运商总收入预计突破 43.8 亿澳门元，比 2013 年上升 6.6%。

澳门国际机场是继日本大阪关西机场之后，全球第二个、中国第一个完全由填海造陆而建成的机场。图 6－2 为澳门国际机场。

图 6－2　澳门国际机场

三、台湾地区概况

台湾地区位于中国东部，东临太平洋，西隔台湾海峡与福建省相望。全省由台湾岛、钓鱼岛等 80 多个岛屿组成，面积约 3.6 万平方千米，人口约 2300 多万。台湾气候表现为，冬季温暖，夏季炎热，雨量充沛，夏秋多台风和暴雨。而台湾大部分机场分布于沿海平原地区，夏秋台风和暴雨等危险天气经常袭击岛上机场，迫使航线中断，影响航空运输的正常运行。

台湾拥有蓬勃的制造产业及尖端技术，在半导体、光电、资讯科技、通信、电子精密制造等领域执牛耳。贸易方面以高科技产业赚取外汇，现阶段的经济主要朝向纳米科技、生物科技、光电及观光服务业发展。台湾经济的发展和紧密的对外经济联系对航空运输提出了较大的需求。

台北市简称北市，位于台湾岛北部的台北盆地，是台湾政治、经济、文化、商业与传播的中心，面积约 272 平方千米，人口约 265 万。

台北市是岛内航空线网的中心枢纽，目前拥有桃园、松山两个机场。台湾桃园国际机场（IATA 代码：TPE），简称桃园机场；2006 年 10 月以前，桃园机场称中正国际机场，位于台湾桃园县大园乡，是台北市的主机场，也是台湾地区境内最大最繁忙的机场。桃园国际机场与台北市相距约 40 公里，中间有高速公路相连，需要约 40 分钟的车程能抵达。

2017 年 3 月 2 日，台湾桃园机场地铁正式营运，路线范围涵盖桃园、新北、台北三市，分直达和普通车两种。台北松山机场（IATA 代码：TSA）位于台北市松山区，在桃园国际机场使用前是台湾唯一的联外国际机场，如今，航班以岛内航线班机及邻近国家的短程国际航线为主。图 6－3 为台北国际机场。

图 6－3　台北国际机场

【阅读材料】

乘坐飞机的有效证件

当旅客乘坐国内航班时，机场的安检会核查旅客的有效乘机身份证件、客票和登机牌。有效乘机身份证件的种类包括：中国籍旅客的居民身份证、临时身份证、军官证、武警警官证、士兵证、军队学生证、军队文职干部证、军队退休干部证和军队职工证，港、澳地区居民和台湾同胞旅行证件；外籍旅客的护照、旅行证、外交官证等；民航总局规定的其他有效乘机身份证件。

未满16岁的未成年人，可凭其学生证、户口簿或者户口所在地公安局出具的身份证明作为有效乘机证件。12岁以下的儿童和两岁以下的婴幼儿，凭半票或者十分之一客票，免验身份证件。

遗失有效乘机证件的旅客，可凭户籍所在地派出所出具的临时身份证明放行。在户籍所在地以外被盗或丢失的，凭发案、损失地公安机关（地方公安机关）出具的临时身份证明放行，临时身份证明应加贴本人近期照片并加盖当地公安机关户籍专用章，并注明有效期。

对持民航公安机关出具的《乘坐民航飞机临时身份证明》的，在有效期内予以放行。

对持居民身份证复印件、伪造或者变造证件，冒用他人证件者，不予放行登机，并移交公安机关处理。

作业：

通过查找资料，试介绍台北桃园机场。

第七章 国际航空区划和全球三大航空区域

航空运输业经历了近一个世纪的发展，在国际和国内已经形成了一套完整的保障管理体系，促进了航空运输业安全、健康、有序地发展。在这个管理体系中，许多国际性航空运输组织发挥着重要的作用。其中，具有较大影响的组织有：国际航空运输协会（IATA）。

第一节 国际航空运输协会

一、国际航空运输协会的发展历程

国际航空运输协会（International Air Transport Association）简称IATA，是一个由世界各国航空公司组成的大型非政府组织，其前身是1919年在荷兰海牙成立并在第二次世界时解体的国际航空业务协会。1944年12月，出席芝加哥国际民航会议的一些政府代表，商定成立一个委员会并为新的组织起草章程；1945年4月16日，在哈瓦那会议上修改并通过了草案章程；1945年10月，国际航空运输协会（简称国际航协）正式成立，总部设在加拿大的蒙特利尔，执行机构设在哈瓦那。

国际航空运输协会第一届年会在加拿大的蒙特利尔召开。目前，国际航空运输协会在全世界近100个国家设有办事处，280家会员公司遍及全世界180多个国家和地区。在中国，除了香港、澳门和台湾外，共有12家会员航空公司。

国际航空运输协会实际上是一个半官方组织，它承担由承运人组成的国际协调组织，管理在民航运输中出现的如票价、危险品运输等问题。

二、国际航空运输协会的宗旨和职能

国际航空运输协会的宗旨主要有：（1）让全世界人民在安全、正常和经济的航空运输中受益，并扶植航空交通，研究与此有关的问题；（2）为从事国际航空运输工作的各空运企业提供可合作的途径；（3）增进航空贸易发展。

国际航空运输协会的基本职能包括：（1）统一国际航空运输规则；（2）代理各类业务；（3）开展空运企业间的财务结算及技术上合作；（4）协调国际航空客、货运运价；（5）开展航空法律工作，并帮助发展中国家航空公司培训高级专门人才。

三、国际航空运输协会的组织机构

1. 全体会议

全体会议是国际航空运输协会的最高权力机构，每年举行一次，经执行委员会召集，也可随时召开特别会议。所有正式会员在决议中都拥有平等的一票表决权，如果不能参加，也可授权另一名正式会员代表其出席会议并投票。全体会议的决定以多数票通过。

2. 执行委员会

执行委员会（简称执委会）是全会的代表机构，对外全权代表国际航空运输协会。执委会成员必须是正式会员的代表，任期分别为一年、二年、三年。执委会的职责主要包括：管理协会的财产、设置分支机构、制定协会政策等。执委会的理事长是协会的最高行政和执行官员，在执委会的监督和授权下行使职责并对执委会负责，在一般情况下，执委会应在年会即全体会议召开之前召开，其会议时间由执委会决定。

3. 专门委员会

国际航空运输协会分为运输、财务、法律和技术委员会。各委员会由专家、区域代表及其他人员组成并报执委会和大会批准。目前，运输委员会有

30名成员，财务委员会有25名成员，技术委员会有30名成员，法律委员会有30名成员。

4. 分支机构

国际航空运输协会总部设在加拿大的蒙特利尔，但主要机构还设在日内瓦、伦敦和新加坡。国际航空运输协会还在安曼、雅典、曼谷、达卡、香港、雅加达、吉达、吉隆坡、迈阿密、内罗毕、纽约、波多黎各、里约热内卢、圣地亚哥、华沙和华盛顿设有办事处。

四、国际航空运输协会的主要活动

国际航空运输协会的活动主要分为三种。

1. 同业活动

代表会员进行会外活动，向具有权威的国际组织和国家当局申述意见，以维护会员的利益。

2. 协调活动

监督世界性的销售代表系统，建立经营标准和程序，协调国际航空运价。

3. 行业服务活动

承办出版物、财务金融、市场调研、会议、培训等服务项目。通过上述活动，统一国际航空运输的规则和承运条件，办理业务代理及空运企业间的财务结算，协调运价和班期时刻，促进技术合作，参与机场活动，进行人员培训等。

五、国际航空运输协会的成员

国际航空运输协会的成员分为正式会员和准会员两类。国际航空运输协会正式会员向直接从事国际经营的航空公司开放，国际航空运输协会准会员只向经营国内航班的航空公司开放。目前，中国大陆地区共有12家航空公司成为国际航空运输协会的会员：中国国际航空公司、中国货运航空有限公司、中国东方航空公司、中国南方航空公司、海南航空公司、吉祥航空公司、山东航空公司、上海航空公司、深圳航空公司、四川航空公司、天津航空公司、厦门航空公司。

【阅读材料】

国内出发乘客须知

旅客应当在航空公司规定的时限内到达机场，凭客票及本人有效身份证件按时办理客票查验、托运行李、领取登机牌等乘机手续。大多数航空公司国内航班办理乘机手续的截止期限是航班飞机离站时间前30分钟，大型机场是45分钟，但有些机场可能是一个小时或更长。

国内乘坐飞机流程：

（1）到机场。旅客要注意时间，因为航空公司规定航班起飞前30分钟停止办理登机手续，所以，最好在起飞前一个小时到机场，一般航空公司通知提前一个半小时到机场。

（2）办登机手续（也就是换登机牌）。机场都有显示屏可以查看哪个航班在哪个柜台办理登机手续，找到相应柜台，将机票、身份证交给机场值机人员。如果旅客有大件行李，就在这里托运，经济舱20千克以内的行李是免费的。要注意托运的行李不要夹带违禁物品，办完登机手续，值机人员会将机票的旅客联、登机牌、行李牌、身份证退回给旅客。

（3）过安检。到安检通道，通道口有个安检柜台，旅客将机票的旅客联、登机牌、身份证交给安检员，安检员审核没问题，就会在登机牌上盖章。然后过安检门，随身携带的物品要从安检门旁的X光安检机通过，旅客本人要从安检门通过，安检没问题，旅客就可以进入候机厅了。

（4）候机。通过安检后，看看登机牌上面标明的航班登机口，找到与登机口对应的候机厅，几号登机口就在几号候机厅候机。每个候机的位置，机场都会有显示屏显示，不清楚的话，可以询问机场服务人员，找到候机厅，就在那里休息，等候广播通知登机。

（5）登机。听到广播登机后，在登机口，会有服务人员撕登机牌，旅客就到登机口将登机牌交服务人员，服务人员从登机牌撕一小块，其他部分交回旅客，旅客持登机牌跟着别人上飞机。

（6）找座位。登机牌上标明有旅客的位置，如4D，10C，数字代表第几排，每排的座位是按A、B、C、D、E、F编排的，飞机上的座位号标在放行李的舱壁（座位上方），找到旅客的位置坐下，扣上安全带，起飞前关掉手机。

（7）餐食。在飞行时，航空公司有免费饮料派发，长航线如逢进餐时间，会有免费餐食供应；短航线就派送点心和饮料。

（8）到达。飞机到达目的地站后，如果旅客之前托运行李的，记得去取行李。在去往出口的通道上会有取行李的地方。

第二节　国际航空区域区分

为了便于开展工作，国际航空运输协会根据各国的地理位置和文化、经济发展状况将全球划分为三个区域。

一区，包括所有北美和南美大陆及与之毗连的岛屿，包括格陵兰、百慕大、西印度群岛和加勒比海群岛、夏威夷群岛（含中途岛和帕尔迈拉），一区经济发展水平高，航空运输发展水平也高。

二区，包括欧洲全部（包括俄罗斯联邦在内欧洲的部分）和与之毗连的岛屿、冰岛、亚速尔群岛、非洲全部和与之毗连的岛屿、阿森松岛和地处伊朗伊斯兰共和国西部并包括其在内的亚洲部分，二区内的非洲、中东、欧洲在政治、经济、宗教、种族、发展历史等方面有着较大的差异，因此，二区内的航空运输发展具有不平衡性。

三区，包括二区以外的亚洲全部和与之毗连的岛屿，含东印度群岛的全部、澳大利亚、新西兰和与毗连的岛屿，以及除一区之外的所有的太平洋岛屿，这一地区主要为发展中国家，其中，亚太地区为目前及未来若干年经济发展的重要地区，其航空运输具有很大的潜力。

作业：

请阅读下列题目，做出正确选择。

1. 国际航空运输协会的性质是（　　）

A. 官方　B. 半官方

2. 以下公司属于国际航空运输协会会员的是（　　）

A. 国航　B. 南航　C. 东航　D. 山航

3. 国际航空运输协会的职能有（　　）

A. 制定行业内的规则　B. 提供技术合作

C. 协调客、货运价　　D. 将全球分为三个区域

4. 下列国家属于 IATA 二区的是（　　）

A. 加拿大　B. 法国　C. 科威特　D. 日本

第三节　一区主要国家航空运输地理

一、IATA 一区的定义和次区

（一）IATA 一区的定义

IATA 一区的范围包括全部北美和南美大陆及邻近的岛屿，包括格陵兰、百慕大、西印度群岛和加勒比海群岛及夏威夷群岛（含中途岛、棕榈岛）。

（二）IATA 一区中的次区

人们将 IATA 一区分为三个次区。

1. 北大西洋次区。本区包括加拿大、墨西哥、美国（包括波多黎各、美属维尔京群岛）、格陵兰岛。

2. 中大西洋次区。本区包括安圭拉、哥伦比亚、哥斯达黎加、古巴、库拉索岛、多米尼加、厄瓜多尔、萨尔瓦多、瓜德罗普岛、法属圭亚那、格林纳达、危地马拉、圭亚那、海地、洪都拉斯、牙买加、委内瑞拉等。

3. 南大西洋次区。本区包括阿根廷、巴西、智利、巴拉圭、乌拉圭。

二、美国航空运输地理

（一）美国概况

美国的中文全称为美利坚合众国。美国是由华盛顿哥伦比亚特区、50 个

州和关岛等众多海外领土组成的联邦共和立宪制国家。

1. 自然环境

（1）地理位置

美国是美洲第二大国家，领土包括美国本土、北美洲西北部的阿拉斯加和太平洋中部的夏威夷群岛，面积937.261万平方千米，如果只计陆地面积，美国仅次于俄罗斯、中国，在加拿大之前。美国西临太平洋，东临大西洋，北与加拿大接壤，南与墨西哥为邻。

（2）地形地貌

美国地形变化多端。东海岸沿海地区有着海岸平原，在南部较为宽广，在北部较为狭窄。在海岸平原后方的是地形起伏的山麓地带，延伸到位于北卡罗来纳州和新罕布什尔州、高1830米的阿巴拉契亚山脉为止。在阿巴拉契亚山脉以西是美国中西部地带的内部平原，这里较为平坦，五大湖和密西西比河、密苏里河也位于这里。在密西西比河以西，内部平原的地形开始上升，最后进入美国中部面积广阔的大平原。在大平原西部则有高耸的落基山脉，从南至北将美国大陆一分为二，科罗拉多州的最高峰到达4270米。在以前，落基山脉有频繁的火山活动，现在只剩下一个区域，就是怀俄明州的黄石国家公园，可能是世界上最大的活火山。

（3）气候

美国大部分地区属于温带大陆性气候，南部属亚热带气候。中北部平原温差很大，芝加哥1月平均气温－3℃，7月24℃；墨西哥湾沿岸1月平均气温11℃，7月28℃。

（4）自然资源

美国自然资源丰富，矿产资源总探明储量居世界首位。煤、石油、天然气、铁矿石、钾盐、磷酸盐、硫黄等矿物储量均居世界前列。战略矿物资源钛、锰、钴、铬等主要靠进口。截至2010年底，美国已探明原油储量206.8亿桶，居世界第十三位；已探明天然气储量7.716万亿立方米，居世界第五位；已探明煤储量4910亿吨，居世界第一位；森林面积约44亿亩，覆盖率达33％。

2. 经济环境

2001年，美国经济在经历长达十年的增长后陷入短暂衰退，之后进入新一轮繁荣期。2007年美国经济下行因素增多，7月次级房贷危机全面爆发。2008年9月，随着雷曼兄弟等多家金融机构接连破产、被兼并或由政府接管，美国次贷危机迅速升级演变成大萧条以来最严重的国际金融危机。2012年以来，美国经济继续保持温和增长，工业生产、商品零售、居民收入、房地产价格等均有所回升。2016年美国完成国内生产总值18.03万亿美元，居美洲和世界第1位；完成人均国内生产总值55904.30美元，居世界第5位。

（1）农业

美国农业高度发达，机械化程度高。2010年，美国粮食产量约占世界总产量的16.5%。2011年，农产品出口总额为1374亿美元，中国首次成为美国农产品最大出口市场，出口额接近200亿美元，出口产品包括大豆、棉花、坚果和毛皮等。2011年，美国农业产值约占国内生产总值的1.2%。农、林、渔等部门就业人数约占总就业人口的0.7%。

（2）工业

2011年，美国工业生产增长率约为4.1%，占当年美国国内生产总值的19.2%。工业就业人数约占全部就业人口的20.3%。制造业在工业中占有主导地位，产值约占美国国内生产总值的11%，是美国经济的重要基础支柱。美国产业转型加快，制造业所占比重呈下降趋势，劳动密集型产业进一步被淘汰或转移到国外。与此同时，信息、生物等高科技产业发展迅速，利用高科技改造传统产业也取得新进展。美国主要工业产品有汽车、航空设备、计算机、电子和通信设备、钢铁、石油产品、化肥、水泥、塑料及新闻纸、机械等。

（3）服务业

2011年，美国服务业创造的产值约占国内生产总值的79.6%。据估计，各项服务行业就业人数约1.2亿，占总就业人口的79.1%，其中管理、专业、技术类领域就业人数占总就业人数的37.3%，销售等领域就业人数占24.2%，其他服务行业占17.6%。

美国经济体系兼有资本主义和混合经济的特征。在这个体系内，企业和私营机构做主要的微观经济决策，政府在国内经济生活中的角色较为次要；然而，各级政府的总和却占GDP的36%。在发达国家中，美国的社会福利网相对较小，政府对商业的管制也低于其他发达国家。

美国有高度发达的现代市场经济，是世界第一经济强国。20世纪90年代，以信息、生物技术产业为代表的新经济蓬勃发展，受此推动，美国经济经历了长达十年的增长期。在美国各地区，经济活动重心不一。例如，纽约市是金融、出版、广播和广告等行业的中心；洛杉矶是电影电视节目制作中心；旧金山湾区和太平洋沿岸西北地区是技术开发中心；中西部是制造业和重工业中心；底特律是著名的汽车城；芝加哥是该地区的金融和商业中心；东南部以医药研究、旅游业和建材业为主要产业，并且由于其薪资成本低于其他地区，因此，持续地吸引制造业投资。

（4）对外贸易

美国是世界上第一大进口国和第三大出口国。2010年3月，奥巴马签署行政法令《国家出口倡议》，加大对美国出口企业的支持力度。美国主要出口商品为：化工产品、机械、汽车、飞机、电子信息设备、武器、食品、药品、饮料等。主要进口商品为：食品、服装、电子器材、机械、钢材、纺织品、石油、天然橡胶以及锡、铬等金属。

2011年，美国前五大货物贸易伙伴为加拿大、中国、墨西哥、日本和德国。美国前五大货物进口市场为中国、加拿大、墨西哥、日本和德国。美国商品和服务贸易总额为4.77万亿美元，较2010年增长14.2%。中美互为第二大贸易伙伴，美国是中国第一大出口市场、第六大进口来源地。

（5）交通运输业

美国拥有完整而便捷的交通运输网络，运输工具和手段多种多样。相较于其他西方国家，由于汽车产业在美国的发展相当早，美国许多城市的发展都提前顾虑到了将城市和住宅区搭配道路网络的设计。为了连结国土，美国设计并建造了高通行量、高速度的高速公路，美国的国家交通系统主要是依赖这些高速公路网。当中最重要的是州际高速公路系统的建设。这些高速公路在 1950 年经由当时的总统德怀特·艾森豪威尔授权建造。

2011 年，美国交通运输和仓储业产值为 4188 亿美元，约占美国经济总量的 2.8%，吸纳了约 3%的就业人员。

美国纽约市的地铁网络是世界上载客量最为沉重的捷运网络之一。而区域铁路和公共汽车网络则延伸至长岛、纽约州、新泽西州和康涅狄克州，都成了世界上载客量最大的交通网之一。但是普遍而言，美国城市的公共交通相对其他发达国家较为薄弱，人们出行更多地使用私人汽车。美国建造了横贯大陆的铁路网络，用以在 48 个州之间运载货物，美国的铁路总长度位居世界第一。美国的公路和高速公路系统覆盖全国，截至 2014 年，全国公路总长超过 651 万公里，约有 1.4 亿辆车使用公路系统。2012 年 7 月 6 日，奥巴马总统签署“在 21 世纪中前进”的运输法案，在 2013 年和 2014 年为陆地交通建设拨款 1050 亿美元。许多世界上主要的港口也位于美国，最繁忙的是加利福尼亚州的洛杉矶港和长堤港，以及纽约港，它们全都是世界上最繁忙的港口。

3. 航空运输

美国的航空运输总周转量连续多年排在世界首位，是名副其实的航空强国。美国联邦航空局是美国运输部下属负责民用航空管理的机构。1958 年 11 月，美国联邦航空局单独成立，1967 年划归美国运输部领导。

美国联邦航空局的主要任务是保障民用航空的飞行安全，促进民航事业的发展，但不直接经营民航企业。联邦航空局的机构设置分总部、地区机构和地方机构三级。总部设在华盛顿，地区机构是管理本地区民用航空业务的工作机构。

美国幅员辽阔，地广人稀，出行除了自驾外，就是乘坐飞机了。美国的航空公司多达数十家，除了几大航空巨头外，还有不少廉价航空，更有专营旅游目的地的航空，以服务各种不同的客户需求。现在，称得上美国大型航空公司的有：美国联合航空、达美航空、美国航空以及西南航空。这四家航空公司控制了美国航空运输 80%以上的市场。

美国航空公司主要有以下几家：

(1) 美国联合航空公司（UA）。美国联合航空公司（United Airline）简称美联航，是美国一家大型航空公司。美国联合航空公司的总部位于美国伊利诺伊州芝加哥市郊。美联航是星空联盟的创始成员之一。

(2) 达美航空公司 (DL)。达美航空公司 (Delta Air Line) 是一家总部位于美国佐治亚州亚特兰大的航空公司。达美航空是“天合联盟”的创始成员之一。

(3) 美国航空公司 (AA)。美国航空公司 (American Airlines) 作为寰宇一家的创始成员之一，是世界最大的航空公司。2013 年，美国航空与全美航空合并，成为当时全球最大的航空公司。

(4) 美国西南航空公司 (WS)。西南航空 (Southwest Airlines) 是美国一家总部设在得克萨斯州达拉斯的航空公司。美国西南航空公司以“廉价航空公司”而闻名，是民航业“廉价航空公司”经营模式的鼻祖。

(二) 美国的主要城市及机场

美国主要城市包括西雅图、旧金山、洛杉矶、达拉斯、休斯敦、迈阿密、亚特兰大、华盛顿、纽约、波士顿、底特律、芝加哥。

1. 西雅图

西雅图位于美国西北部，在太平洋沿岸地区。西雅图创建于 1869 年，得名于西雅图酋长。西雅图的官方别名为翡翠之城，是个多民族城市，是美国太平洋西北区商业、文化和高科技的中心，是美国主要旅游及贸易港口城市。

西雅图属温带海洋性气候，冬天不太冷，夏天不太热，空气十分湿润、清新、洁净、透明，有时也被称“雨城”。西雅图是美国波音的故乡，所以也被称为“飞机城”。西雅图的正式昵称为“翡翠之城”。西雅图的主要景点有：派克市场、太空针塔、太平洋科学中心。

西雅图-塔科马国际机场 (SEA)。该机场是连接美国与亚洲和欧洲的重要枢纽机场之一，距离西雅图市中心仅有半个小时车程。就美国大陆而言，西雅图机场是距离亚洲最近的机场，前往东京只需 9 个小时的航程。西雅图-塔科马国际机场有一个中央航站楼和两个卫星航站楼 (南和北)，卫星航站楼与中央航站楼经地下隧道连接，是全美国第 15 个繁忙的机场。

2. 旧金山

旧金山又称“圣弗朗西斯科”或“三藩市”，是太平洋沿岸的港口城市，位于加利福尼亚州，是世界著名的旅游胜地，被誉为“最受美国人欢迎的城市”。旧金山临近世界著名的高新技术产业区——硅谷，硅谷是世界最重要的高新技术研发基地和西部重要的金融中心。西班牙人于1776年建城，19世纪中叶在采金热中迅速发展，被华侨称“金山”，后来，为了区别于澳大利亚的墨尔本，改称“旧金山”。

旧金山属地中海气候，阳光充足，冬暖夏凉。旧金山比较著名的景点有13个：金门大桥、渔人码头、九曲花街、中国城、恶魔岛、天使岛、金银岛、金门公园、市政中心、旧金山艺术馆、阿拉莫广场、双子峰、北滩。

旧金山国际机场（SFO）位于旧金山市东南方大约21千米处，拥有4个航站楼。

3. 洛杉矶

洛杉矶位于美国太平洋沿岸地区，又称“天使之城”，是美国仅次于纽约的第二大城市，是全世界的文化、科学、技术、国际贸易和高等教育中心之一，因此，被称为“科技之城”。洛杉矶北部属于地中海式气候，南部属于热带沙漠气候。一年四季阳光明媚，干燥少雨，气候温和宜人，主要景点有：好莱坞、好莱坞环球影城、迪士尼乐园、圣莫尼卡、好莱坞星光大道等。

洛杉矶国际机场（LAX）位于洛杉矶市中心西南方约24千米处，兴建于1948年，并于1948年投入商用航班营运，一直是洛杉矶地区的主要机场。洛杉矶国际机场共有9个航站楼，排列成马蹄形，由公共汽车接送往来旅客。除旅客航站楼外，该机场另有占地200平方英尺（约18.6平方米）的货运设施，并设有一个直升机起降场。

4. 达拉斯

达拉斯位于美国南部，是得克萨斯州的首府。达拉斯城创立于1814年，是美国南部工业城市，拥有“美国的牛仔城”之称，主要经济支柱为石油工业、电信业、计算机技术、银行业和航空运输业。达拉斯属于温带大陆性气候，气候温和，干燥、少雨、大风；夏天气温约在28℃，冬天平均气温约在9℃，偶有小雪。达拉斯是美国西南部金融中心之一，许多保险公司总部设在此地，是著名的石油垄断组织中心和棉花贸易市场。达拉斯的主要景点有：

勃勒杨小屋、美丽公园、达拉斯剧场中心、肯尼迪总统纪念碑、白岩湖等。

达拉斯-沃思堡国际机场（DFW）是美国得克萨斯州达拉斯和沃思堡两城市共同拥有的民用机场，距达拉斯 24 千米，距沃思堡 29 千米，是得克萨斯州最大、最繁忙的机场。机场共有 5 个航站楼、7 条跑道，是目前世界上跑道最多的机场。2014 年，该机场为全球十大繁忙机场之一。

5. 休斯敦

休斯敦位于美国中南部平原上，紧邻墨西哥湾，距墨西哥湾 80 千米，是美国第四大城市，市名是以当年得克萨斯共和国总统山姆·休斯敦命名的。休斯敦是墨西哥湾沿岸最大的经济中心，面积 1440 平方公里。休斯敦是美国石油工业和石化工业的中心，也是重要的国际金融、贸易中心之一。休斯敦属亚热带季风气候，全年平均气温为 20.7℃，年均降雨量为 1224 毫米，每年 7～11 月多飓风。休斯敦主要景点有：休斯敦太空中心、赫曼公园、米勒露天剧院、莱斯大学等。

休斯敦拥有三座机场，其中，最大的是乔治·布什洲际机场（IAH），位于休斯敦以北 37 千米处，于 1969 年完工启用，现在拥有 5 个航站楼（A—E）。乔治·布什洲际机场是得克萨斯州的第二大机场，仅次于达拉斯-沃思堡国际机场。

6. 迈阿密

迈阿密位于佛罗里达半岛南侧，是一个国际性的大都市，在金融、商业、媒体、娱乐、艺术和国际贸易等方面拥有重要的地位，是许多公司、银行和电视台的总部所在地。迈阿密平均海拔约为 1 米，属于温暖、湿润的亚热带季风气候，只有在冬天才偶尔会遇上寒冷的天气。迈阿密是美国本土冬季最温暖的城市，整个地区没有明显的四季之分，取而代之的是一年被分成湿季和干季，各 6 个月。迈阿密主要旅游景点有：迈阿密南滩、大沼泽地国家公园。

迈阿密是文化的大熔炉，受庞大的拉丁美洲族群和加勒比海岛国居民的的影响很大，与北美洲、南美洲、中美洲以及加勒比海地区在文化和语言上关系密切，有时还被称为“美洲的首都”。

迈阿密国际机场（MIA）位于迈阿密市区西北 11 千米处，是美国南部的重要门户，是美国连接拉丁美洲的重要枢纽，拥有 1 个航站楼和三条跑道。

7. 亚特兰大

亚特兰大位于美国东部，坐落在海拔 350 米的阿巴拉契亚山麓的台地上，是美国佐治亚州首府和最大的工商业城市。亚特兰大属于亚热带季风性湿润气候，是美国东南部气候的代表，四季分明，夏季闷热，冬季温暖。亚特兰大是美国东南部陆、空交通要地，金融中心，有飞机、汽车、纤维、机械、钢铁、食品等工业，洛克希德飞机公司、可口可乐公司总部设在此地。

亚特兰大的主要景点有：亚特兰大植物园、CNN 电视中心、石山公园、玛格丽特·米切尔之家、马丁·路德·金历史遗迹、可口可乐世界、亚特兰大水族馆。

亚特兰大哈兹菲尔德-杰克逊国际机场（ATL）坐落于亚特兰大市区南部 16 千米处，是全世界旅客转乘量最大、最繁忙的机场，从 2000 年至今，一直保持世界上旅客吞吐量最大机场的头衔。亚特兰大机场拥有两个航站楼。

8. 华盛顿

华盛顿是美国的首都，全称“华盛顿哥伦比亚特区”，是美国的政治和文化中心，于 1790 年作为首都而设置，是世界上少有的仅以行政职能为主的大城市，管理国家是华盛顿的主要工作。华盛顿位于美国东北部，靠近弗吉尼亚州和马里兰州。华盛顿属于温带大陆性气候，夏热冬寒，四季分明。华盛顿的经济色彩不浓，是大多数美国联邦政府机关和各国驻美国大使馆的所在地，也是世界银行、国际货币基金组织、美洲国家组织等国际组织的总部所在地。华盛顿主要景点为人文景观，如美国华盛顿国家广场有美国国会大厦、白宫、华盛顿纪念碑、杰斐逊纪念堂、林肯纪念馆、富兰克林·罗斯福纪念碑等。

华盛顿有三个主要机场：巴尔的摩华盛顿国际机场（代码 BWI）、华盛顿罗纳德·里根国家机场（代码 DCA）、华盛顿杜勒斯国际机场（代码 IAD）。

9. 纽约

纽约位于美国东海岸的东北部，是美国人口最多的城市，也是一个多族裔聚居的多元化城市。纽约是世界的经济中心，也是世界三大金融中心之一（另外两个为伦敦和香港）。曼哈顿中城是世界上最大的摩天大楼集中地。联合国总部位于纽约市。自由女神像又叫“自由女神铜像国家纪念碑”，位于美国纽约海港内自由岛的哈德逊河口附近，是法国于1876年为纪念美国独立战争胜利一百周年而建造的，1886年10月28日铜像落成，如图7-1。

图7-1　自由女神像

纽约市有三个机场：

（1）约翰·菲茨杰拉德·肯尼迪国际机场（JFK）。该机场是纽约市的主要国际机场，位于曼哈顿下城东南19千米处。该机场于1942年兴建，1948年7月1日首次运营，同年7月31日正式命名为“纽约国际机场”。1963年11月22日，美国总统约翰·肯尼迪遇刺身亡，为纪念这位总统，同年12月24日，机场改名为“约翰·菲茨杰拉德·肯尼迪国际机场”。

（2）纽瓦克自由国际机场（EWR）。该机场位于美国新泽西州纽瓦克市与伊丽莎白市境内，距纽约市曼哈顿西南方约26千米处。1920年，在该机场启用时，被命名为纽瓦克机场。1970年，扩建后改名为纽瓦克国际机场。2001年“9·11”事件中，在宾夕法尼亚州坠毁的联合航空93号班机即由该机场出发，为了纪念该事件，机场改名为“纽瓦克自由国际机场”。

(3) 拉瓜迪亚机场（LGA）。该机场位于纽约城东部 13 千米处，是纽约市三大机场中最小的一个，也是最近的一个。

10. 波士顿

波士顿位于美国东北部大西洋沿岸地区，是美国马萨诸塞州的首府和最大城市。波士顿创建于 1630 年，是美国最老、最有文化价值的城市之一，曾经是一个重要的航运港口和制造业中心。现今，该市是高等教育和医疗保健的中心，经济基础是科研、金融与技术。波士顿的大学是影响该市和整个区域经济的主要因素。波士顿属于温带大陆性气候，夏季炎热潮湿，冬季寒冷干燥，主要景点有：哈佛大学、麻省理工学院、三一教堂等。

波士顿罗甘将军国际机场（BOS）位于波士顿东北方 5 千米处。机场的中央控制塔台大约有 12 层楼高，两旁各有一座椭圆形的指示塔。

11. 底特律

底特律位于美国东北部，是加拿大温莎以南、底特律河沿岸的一座重要的港口城市，是世界传统的汽车中心和音乐之都。底特律属于温带大陆性气候，四季分明，冬季寒冷，夏季闷热。该城市于 1701 年由法国毛皮商建立。底特律的主要景点有：DTE 能量音乐剧院、奥本希尔斯宫等。

底特律都会韦恩县机场（DTW），有时称为底特律都会机场，位于底特律市区西南 32 千米处，1930 年启用。

12. 芝加哥

芝加哥位于美国东北部，东临密歇根湖，是美国仅次于纽约市和洛杉矶的第三大城市。芝加哥是美国重要的金融、文化、制造业、期货和商品交易中心，也是美国主要文化教育中心。芝加哥属于温带大陆性湿润气候，四季分明，7 月最热，1 月最冷。因为终年多风，天气变化无常，当地人自嘲芝加哥“一年一场风，从春刮到冬”。主要旅游景点有：海军码头、西尔斯大厦、林肯公园、格兰特公园等。

芝加哥有两个主要机场：

(1) 奥黑尔国际机场（ORD）。该机场位于市中心西北 27 千米处，自 20 世纪 60 年代扩建完成直到 1998 年，奥黑尔机场一直是世界上客流量最大的机场，2012年，奥黑尔机场旅客吞吐量排名全球第四，拥有4个航站楼。

（2）芝加哥中途机场（MDW）。该机场主要负责国内航线飞机的起降。

三、加拿大航空运输地理

加拿大，中文全称为加拿大，属于一区北大西洋次区，领土面积约998万平方公里，位居世界第二位。加拿大素有“枫叶之国”的美誉。加拿大的首都为渥太华，官方语言为英语和法语，主要城市为温哥华、多伦多，渥太华、蒙特利尔，加拿大的主要航空公司为加拿大航空公司，加拿大的主要旅游景点为尼亚加拉大瀑布、魁北克古城、班夫国家公园等。

（一）加拿大概况

1. 自然环境

（1）地理位置

加拿大位于北美洲北部，西临太平洋，东濒大西洋，约在北纬41°～83°、西经52°～141°之间，西北部邻美国阿拉斯加州，东北与格陵兰隔戴维斯海峡遥遥相望，南接美国本土，北靠北冰洋达北极圈。

（2）地形地貌

加拿大东部为丘陵地带，南部与美国接壤的大湖和圣劳伦斯地区，地势平坦，多为盆地。西部为科迪勒拉山区，是加拿大最高的地区，许多山峰海拔在4000米以上，北部为北极群岛，多系丘陵低山，中部为平原区。最高峰洛根峰，位于西部的洛基山脉，海拔5951米。

（3）气候

加拿大因受西风影响，大部分地区属温带大陆性气候。东部气温稍低，南部气候适中，西部气候温和湿润，北部为寒带苔原气候。北极群岛终年严寒，中西部最高气温达40℃以上，北部最低气温低至零下60℃。

（4）自然资源

加拿大地域辽阔，森林覆盖面积占全国总面积的44%，居世界第六位；森林面积4亿多公顷，仅次于俄罗斯和巴西，居世界第三。加拿大面积中有89万平方公里为淡水覆盖，可持续性淡水资源占世界7%。加拿大的矿产有

60 多种，主要有钾（44 亿吨，世界第一）、铀（43.9 万吨，世界第二）、钨（26 万吨，世界第二）、镉（55 万吨，世界第三）。原油产量仅次于沙特，居世界第二位。

2. 经济环境

加拿大制造业、高科技产业、服务业发达，资源工业、初级制造业和农业是国民经济的主要支柱。加拿大以贸易立国，对外贸依赖较大，经济上受美国影响较深。加拿大的石油行业一直是经济增长的主要动力。保险业资产位居加拿大金融业第二位。加拿大拥有耕地面积 4600 公顷，主要在西部，占国土面积的 5%，主要产品有：小麦、燕麦、大豆、油菜籽、大麦、红肉类（牛、猪和羊）、水果、蔬菜、酒类、烟草、饮料等。

3. 航空运输

加拿大约有商业飞机 4500 架，经核准的机场共有 886 个，主要机场 68 个，包括多伦多、温哥华、卡尔加里和蒙特利尔等。2001 年，客运量约 595.09 亿人公里，货运量 14.2 亿吨公里。

（二）加拿大主要城市及机场

加拿大主要城市包括为温哥华、多伦多、渥太华、蒙特利尔。

1. 温哥华

温哥华位于加拿大西部、太平洋沿岸，人口仅次于多伦多、蒙特利尔，是加拿大第三大城市，也是加拿大西海岸最大的工商、金融、科技和文化中心。温哥华属于温带海洋性气候，三面环山，一面傍海，虽处于和中国黑龙江省相近的高纬度，但因为受到太平洋季风和暖流影响，东北部又有纵贯北美大陆的落基山脉作屏障，所以，终年气候温和、湿润，环境宜人，连续多年被评为世界最适合人类居住的城市，是加拿大著名的旅游胜地。温哥华电影制片发达，是北美洲继洛杉矶、纽约之后的第三大制片中心，素有北方好莱坞之称。温哥华港现时是加拿大最大和最繁忙的港口，以货物总吨数计是北美洲的第四大港口。此外，温哥华的自然环境深受游客欢迎。温哥华的主要旅游景点有：卡皮拉诺吊桥公园、温哥华水族馆、温哥华岛、斯坦利公园等。

温哥华国际机场（代码 YVR）位于市区西南 15 千米处，是加拿大机场中最靠近亚洲的，所以，该机场便成了来往加拿大和亚洲的门户。

2. 多伦多

多伦多地处加拿大的南部、安大略湖的西北岸，是加拿大最大的城市、安大略省的省会、全国的工业和商业中心。多伦多属于温带大陆性湿润气候，四季分明；春天短暂，夏季温热，秋季阳光普照，气温怡人，冬季寒冷并一直延至4月中旬。多伦多是一座美丽的城市，有100多个公园，曾多次被评为全球最适宜居住的城市。

多伦多主要景点有：尼亚加拉瀑布、多伦多国家电视塔、乔治亚湾、东约克广场上的孙中山铜像等。

多伦多最大的机场是皮尔逊国际机场（代号YYZ)。该机场位于多伦多西北27千米处，是加拿大最繁忙的机场。

3. 渥太华

渥太华是加拿大首都和政治、文化中心，是加拿大第四大城市，它位于安大略省东南部，渥太华河南岸，在多伦多以东400千米，蒙特利尔以西190千米。渥太华水力资源丰富，以轻工业为主，有造纸、木材加工、食品、机械制造等工业。渥太华属寒温带针叶林气候，冬夏季空气湿度较大。据气象部门统计，渥太华每年约有8个月夜晚温度在0℃下，故有人称其为“严寒之都”。

渥太华在1826年9月26日以“拜顿”之名建立，为爱尔兰和法国的基督教乡镇；1850年1月1日合并为一个城镇；并于1855年1月1日以“渥太华”之名合并并取代，后不断发展成为加拿大的政治和工业技术中心，现在已经成为一个具有多元文化、高水准生活水平、低失业率的大城市。

渥太华的主要旅游景点有：国会大厦、阿堤勒利公园、国家美术博物馆、国家美术馆等。

渥太华主要运行的商业机场是渥太华麦克唐纳-卡蒂埃国际机场（代码YOW)，以加拿大首位总理约翰·亚历山大·麦克唐纳和蒙特利尔东选区首位国会议员乔治·艾蒂安·卡蒂埃的名字命名。该机场位于市区南方13千米处，是加拿大第六繁忙的机场。

4. 蒙特利尔

蒙特利尔位于加拿大魁北克省西南部，是魁北克省最大的城市，也是加拿大第二大城市。蒙特利尔市是加拿大历史最悠久的城市，蒙特利尔市是讲英语和法语的双语城市，全市约有总人口的 60.5%讲法语，所以，蒙特利尔是世界上仅次于巴黎的第二大法语城市。“蒙特利尔”一词来源于中古法语“Mount Royal”，意思为“皇家山”，至今，蒙特利尔城中心的地标皇家山仍以此命名。蒙特利尔是加拿大最重要的经济中心之一，航空工业、金融、设计、电影工业等行业发达。蒙特利尔曾经是加拿大的经济首都，拥有最多的人口及最发达的经济，但是，在 1976 年被安大略省的多伦多超过。蒙特利尔市属温带大陆性气候，因处于几个气候区的交界处，因此，天气变化多样，四季分明，夏季炎热湿润，降水丰富，一月是一年最冷的时候，平均气温 −10.4℃。蒙特利尔市被认为是世界最佳居住城市。

蒙特利尔市旅游景点：蒙特利尔旧城区、唐人街、皇家山公园等。

蒙特利尔主要有两大机场：

（1）蒙特利尔皮埃尔·埃利奥特·特鲁多国际机场（代码 YUL）。该机场位于市区西部 20 千米处，是加拿大唯一一座拥有直飞非洲航班的机场，同时也拥有北美洲最大的免税商店。

（2）米拉贝尔国际机场（代码 YMX）。该机场位于市区北方 53 公里处，于 20 世纪 60 年代新建，1999 年之前一直是全世界占地面积最大的机场，2004 年 10 月 31 日正式关闭客运，目前，仅作货运机场使用。

四、巴西航空运输地理

（一）巴西概况

巴西的中文全称是巴西共和国，属于一区中南大西洋次区，巴西的首都是巴西利亚，官方语言是葡萄牙语，巴西的航空公司为天马航空公司。

巴西的主要旅游景点有科帕卡巴纳海滩、里约热内卢基督像、圣保罗独立公园等。

（二）巴西主要城市及机场

巴西主要城市包括巴西利亚、里约热内卢、圣保罗。

1. 巴西利亚

巴西利亚是巴西的首都。巴西利亚位于巴西高原海拔 1158 米处，1956

年，由巴西总统儒塞利诺·库比契克力主张，耗费巨资，历时41个月建成，是全世界最大的20世纪以后建成的城市，以大胆设计的建筑物及快速增长的人口而著名，被列为联合国教科文组织的世界遗产。巴西利亚属热带草原气候，气候宜人，四季如春，雨季集中于10月至翌年4月。

巴西利亚的旅游景点主要有：国会大厦、大教堂、三权广场、电视塔等。

巴西利亚儒塞利诺·库比契克总统国际机场（代码BSB）简称巴西利亚国际机场。该机场以任期内从里约热内卢迁都巴西利亚的已故总统儒塞利诺·库比契克命名，位于巴西利亚南部11千米处。

2. 里约热内卢

里约热内卢简称里约。该城市位于巴西高原东南部，早在1960年以前是巴西首都，是巴西仅次于圣保罗的第二大城市，东南濒临大西洋，境内的里约热内卢港是世界三大天然良港之一，里约热内卢基督像是世界新七大奇迹之一。里约热内卢属亚热带季风气候，终年高温，一年中有明显的干季和雨季，干季在5月到11月，雨季在12月到次年4月。

里约热内卢的主要旅游景点有：基督像、科帕卡巴纳海滩、里约大教堂、迪居甲国家公园、面包山等。

加利昂安东尼奥·卡洛斯·若比姆国际机场（代码GIG）位于里约市区北部20千米处。机场以在该城出生的著名音乐家安东尼奥·卡洛斯·若比姆命名。

3. 圣保罗

圣保罗是巴西东南部圣保罗州的首府，市内人口超过1100万，是巴西、也是南半球最大的城市。圣保罗是巴西最大的经济城市，工业部门齐全，以钢铁、汽车、飞机、电子、化学、机器设备为主；农业方面，咖啡、棉花、甘蔗、柑橘、柠檬产量均居全国之冠；畜牧业发达；铁路、公路和航空运输四通八达。圣保罗属亚热带季风气候，年平均气温为19.25℃，夏季多雨凉爽，冬季干燥偏冷，无严寒。

圣保罗市的主要旅游景点有：伊比拉普埃拉公园、圣保罗主教堂、东方街、圣保罗独立公园、拉美纪念馆。

圣保罗共有三座机场，其中，圣保罗瓜鲁柳斯国际机场（代码 GRU）简称圣保罗国际机场，主要运营国际航班，位于圣保罗东北 25 千米处。

五、阿根廷航空运输地理

（一）阿根廷概况

阿根廷中文全称阿根廷共和国，属于一区南大西洋次区，阿根廷的首都是布宜诺斯艾利斯，官方语言是西班牙语，阿根廷的主要城市是布宜诺斯艾利斯，阿根廷的主要航空公司是阿根廷航空。

（二）阿根廷的主要城市及机场

布宜诺斯艾利斯（西班牙语意为“好空气”或“顺风”），是阿根廷最大的城市，也是阿根廷的首都，主要的政治、经济、文化中心，素有“南美巴黎”的美誉。布宜诺斯艾利斯地处南回归线以南，属亚热带季风气候，气候温暖，终年无雪，年平均气温 16.6℃。绿化面积约占市区面积的 15%，景色宜人。2007 年，布宜诺斯艾利斯被评为全球第三最美城市。

布宜诺斯艾利斯的主要旅游景点有：国会广场、莫雷诺冰川、玫瑰园、五月广场、科隆大剧院、纳韦尔瓦皮湖国家公园等。

布宜诺斯艾利斯有两个机场：一个是位于北部的 Jorge Newbery 机场（代码 AEP），以国内航班为主；另一个位于西南方向 35 千米处的埃塞萨“皮斯塔里尼部长”国际机场（代码 EZE），以国际航班为主。

【阅读材料】

国际出发须知

国际航班旅客应出具有关国家的法律、规定所要求的出入境文件、健康证和其他证件。国际航班办理乘机手续的截止期限大多数在航班飞机离站时间前 1 个小时，具体时间以客票“旅客须知”中写明的为准。

海关和其他政府官员需要检查旅客的行李，旅客应当到场。旅客不到场而遭受的任何损失，航空公司不承担责任。

国际出发乘机流程如下：

(1) 办理乘机手续。前往所乘航班的航站楼，查看出发航班显示屏，确认办票时间及办票区，凭机票和护照换取登机牌、托运行李，并自愿购买航空保险。

(2) 检验检疫检查。接受体温检测，如有发热、咳嗽、呼吸困难、呕吐、腹泻、急性皮疹、黄疸、淋巴腺肿等症状，或携带动植物及其产品、微生物、人体组织、生物制品、血液及血液制品等，须主动向检验检疫部门申报及办理相关手续。

(3) 海关申报与海关检查。没有携带应向海关申报物品的，无需填写海关《申报单》，选择"无申报通道"通关；如果携带了应向海关申报物品的，须填写海关《申报单》，选择申报通道通关，并主动向海关申报及办理相关手续，除按照规定享有免验和海关免于监管的人员以及随同成人旅行的16周岁以下旅客之外。

(4) 边防检查。填写《出入境登记卡》，选择相应通道，并出示护照、登机牌、《出入境登记卡》接受边防检查。

(5) 安全检查。接受人身及手提行李安全检查。

(6) 进入候机区域。查看航班显示屏，确认乘坐航班登机时间和登机口，前往所在候机区办理登机手续。

作业：

1. 试回答IATA一区的范围包括哪些？
2. IATA一区分为哪三个次区？
3. 试简要概括美国的自然环境和经济环境。
4. 试回答美国纽约市的航空港情况。

第四节　二区主要国家航空运输地理

一、IATA二区的定义

IATA二区的范围包括：欧洲、非洲及其邻近岛屿、阿松森岛和乌拉尔山以西的亚洲部分（包括伊朗和中东）。

二、IATA 二区中的次区

人们将 IATA 二区分为 3 个次区，即：欧洲次区、中东次区、非洲次区。

三、俄罗斯航空运输地理

（一）俄罗斯概况

俄罗斯中文全称为俄罗斯联邦，俄罗斯的首都是莫斯科，官方语言是俄语。俄罗斯的主要城市有莫斯科、圣彼得堡，主要航空公司有俄罗斯航空。

（二）俄罗斯主要城市及机场

俄罗斯主要城市包括莫斯科市和圣彼得堡市。

1. 莫斯科市

莫斯科位于俄罗斯欧洲部分中部，是俄罗斯联邦首都，为全国政治、经济、科学、文化及交通中心。莫斯科是俄罗斯最大的城市，也是欧洲人口最多的城市，是世界著名古城和国际化大都市。莫斯科属于温带大陆性气候，极端气象状况十分频繁，冬季长而天气阴暗，春季短暂，夏季温暖，5 月和 9 月是最好的旅游季节。全市绿化面积约占总面积的 1/3，是世界上绿化最好的城市之一。

莫斯科主要旅游景点有：克里姆林宫、红场、柏拉仁诺教堂、特列季亚科夫画廊、普希金艺术馆等。

莫斯科交通发达，是全国铁路、公路、河运和航空的枢纽，电气化铁路和公路通向四面八方。莫斯科作为俄罗斯首都和欧洲最大的城市，是俄罗斯政治、经济、金融、科学、艺术中心。莫斯科是世界上绿化最好的城市之一，莫斯科也是世界上富豪最多的城市。莫斯科是俄罗斯最大的综合性城市、世界著名古城和国际化大都市。

莫斯科市有三个主要机场：

（1）多莫杰多沃国际机场（代码 DME）。该机场是俄罗斯最大的机场，距市区 35 千米。

(2) 谢列梅捷沃国际机场（代码 SVO）。该机场位于市区西北方 26 千米处。

(3) 伏努科沃国际机场（代码 VKO）。该机场是莫斯科经营历史最悠久的机场，早在 1937 年由苏联政府批准建成，现在以国内航班为主。

2. 圣彼得堡市

圣彼得堡旧称列宁格勒或彼得堡格勒，位于俄罗斯西北部、波罗的海沿岸，是仅次于莫斯科的俄罗斯第二大城市。整个城市由 100 多个岛屿组成，由 700 多座桥梁连接起来，由于河渠纵横、岛屿错落、风光旖旎，有“北方威尼斯”之称。圣彼得堡属于温带大陆性湿润气候。

圣彼得堡市的主要旅游景点有：冬宫、彼得大帝夏宫、滴血大教堂、喀山大教堂等。圣彼得堡市的机场主要有普尔可夫机场。普尔可夫机场（代码 LED）位于圣彼得堡南 17 千米处。

四、英国航空运输地理

（一）英国概况

英国中文全称是大不列颠及北爱尔兰联合王国。它是由大不列颠群岛上的英格兰、威尔士和苏格兰，以及爱尔兰岛东北部的北爱尔兰和一系列附属岛屿共同组成的一个西欧岛国。除本土以外，英国还有 14 个海外领地，总人口超过 6400 万，以英格兰人为主体民族。英国是一个高度发达的资本主义国家，是欧洲四大经济体之一，其国民拥有较高的生活水平和良好的社会保障制度。英国的首都是伦敦，官方语言是英语。英国的主要城市有：伦敦、曼彻斯特、利物浦、伯明翰。英国主要的航空公司是英国航空。

英国的主要旅游景点有：白金汉宫、大本钟、伦敦眼、大英博物馆、爱丁堡城堡等。

1. 自然环境

(1) 地理位置

英国是位于西欧的一个岛国，是由大不列颠群岛上的英格兰、威尔士和苏格兰，以及爱尔兰岛的北爱尔兰共同组成的一个联邦制岛国。英国位于欧洲大陆西北面的大不列颠群岛，被北海、英吉利海峡、凯尔特海、爱尔兰海和大西洋包围。

（2）气候

英国属温带海洋性气候，深受西风控制，全年温和湿润，四季气温变化不大。

（3）自然资源

英国主要的矿产资源有煤、铁、石油和天然气，森林和其他动植物资源丰富。

2. 经济环境

英国作为一个重要的贸易实体、经济强国以及金融中心，是世界第五大经济体系，也是全球最富裕、经济最发达和生活水准最高的国家之一。

（二）英国主要城市及机场

英国所有的航空公司和大多数机场均为私营企业，共有 50 多家航空公司，在役飞机 952 架，英国航空公司是世界最大航空公司之一，英国共有 449 个机场，其中，35 个机场年客流量在 10 万人以上。伦敦希思罗机场是英国最大的机场，也是欧洲最大及世界最大、最繁忙的机场之一，盖特威克机场是英国第二大机场。英国主要城市包括伦敦和曼彻斯特。

1. 伦敦

伦敦位于英格兰东南部，是英国的首都、第一大城市和第一大港，是英国的政治、经济、文化、金融中心和世界金融中心，著名的旅游胜地。伦敦属于温带海洋性气候，四季温差小，夏季凉爽，冬季温暖，空气湿润，多雨雾。

伦敦的主要旅游景点有：白金汉宫、大英博物馆、伦敦眼、大本钟、伦敦塔、杜莎夫人蜡像馆、威斯敏斯特教堂等。

伦敦有六个主要的机场：希思罗机场、盖特威克机场、斯坦斯特德机场、城市机场、卢顿机场、绍森德机场。

（1）希思罗机场（代码 LHR）。该机场位于伦敦西部 24 千米处，是全球最繁忙的机场之一，2012 年，全球旅客吞吐量排名世界第三位，拥有 5 个航站楼和两条平行的东西向跑道，是伦敦最主要的联外机场。由于机场有众多的跨境航班，如果以跨境的客流量计算，希思罗机场的客流量是最高的。

(2) 盖特威克机场（代码 LGW）。该机场位于伦敦南部 45 千米处，以乘客流量计算，盖特威克机场是英国第二大机场，拥有两个航站楼。

2. 曼彻斯特

曼彻斯特位于英国英格兰西北部，是英国重要的交通枢纽与商业、金融、工业、文化中心。曼彻斯特属于温带海洋性气候，气候潮湿，终年温和多雨，4～9 月是旅游的最佳季节，主要旅游景点有：老特拉福德球场、曼彻斯特中国城、科学与工业博物馆、艾伯特广场等。曼彻斯特国际机场（代码 MAN）位于市区西南方 16 千米处，是英国第三大繁忙机场。

五、法国航空运输地理

(一) 法国概况

法国中文全称法兰西共和国。法国是一个位于西欧的总统共和制国家，海外领土包括南美洲和南太平洋的一些地区。该国是欧洲国土面积第三大的国家，东与比利时、卢森堡、德国、瑞士、意大利接壤，南与西班牙、安道尔、摩纳哥为邻。地势东南高西北低，国土形状大致呈六边形。法国首都巴黎，货币欧元，官方语言法语，国花是鸢尾花，主要城市有：巴黎、戛纳、马赛、里昂、波尔多，主要航空公司是法国航空。

法国的旅游景点主要有：卢浮宫、凡尔赛宫、埃菲尔铁塔、巴黎圣母院、凯旋门等。

(二) 法国的主要城市及机场

巴黎地处法国北部，是法兰西共和国的首都。巴黎位于塞纳河西岸，不仅是法国的政治、经济、文化、商业中心，而且是一座繁华而美丽的世界名城和旅游胜地，素有“世界花都”之称。巴黎属于温带海洋性气候，夏无酷暑，冬无严寒。

巴黎的旅游景点主要有：卢浮宫、巴黎圣母院、埃菲尔铁塔、凡尔赛宫、凯旋门、塞纳河等。

巴黎主要的客运机场有两个：

（1）夏尔·戴高乐机场（代码 CDG）。该机场是以法国第五共和国第一任总统夏尔·戴高乐的名字命名，位于巴黎东北 23 千米处，是法国客流量最大的机场，2012 年，在全球机场吞吐量排名第七位，拥有 9 个航站楼。

（2）奥利机场（代码 ORY），位于巴黎南部 14 千米处，1932 年启用，有两个航站楼。

六、德国航空运输地理

（一）德国概况

德国中文全称为德意志联邦共和国。德国是位于中欧的联邦议会共和制国家，北邻丹麦，西部与荷兰、比利时、卢森堡和法国接壤，南邻瑞士、奥地利，东部与捷克和波兰为伴。德国首都是柏林，官方语言为德语，德国的主要城市有柏林、汉堡、慕尼黑、科隆、法兰克福，德国主要航空公司为汉莎航空。

德国的旅游景点主要有：勃兰登堡门、波茨坦广场、科隆大教堂、罗马广场等。

（二）德国主要城市及机场

德国主要城市包括柏林、法兰克福。

1. 柏林

柏林位于德国东北部，是德国首都，也是德国最大的城市和主要的工业城市。柏林经济、文化事业均发达，也是世界重要的文化学术交流场所之一。柏林和汉堡、不来梅同为德国仅有的三个城市州。柏林是德国主要工业区。工业以电机、电子、仪器、仪表最为发达，其次是机械、冶金、化工、服装、食品加工、印刷等。工业多分布在城市边缘地区。农业用地在柏林面积中占相当比重，为其提供蔬菜、水果、花卉等。柏林属于温带大陆性湿润气候，冬季较冷，夏季凉爽。

柏林有两个机场：

（1）奥托·利林塔尔机场（代码 TXL），这是德国首都柏林的主要国际机场，以该国航空先驱奥托·利林塔尔的名字命名。机场位于柏林市区西北的泰格尔，因此，又被称为柏林-泰格尔机场。

（2）柏林勃兰登堡国际机场（BER）。该机场是在老机场舍讷费尔德（代码 SXF）基础上向南扩建而成的。

2. 法兰克福

法兰克福位于莱茵河中部的支流美因河的下游，是德国重要工商业、金融和交通中心，也是德国最大航空站、铁路枢纽。法兰克福的气候比较温和，冬夏季节的温差很大，主要景点有罗马广场、吕德斯海姆、法兰克福老市政厅等。

（1）法兰克福国际机场（代码 FRA）。该机场位于法兰克福西南 13 千米处，是德国最大的机场、欧洲重要的客运航空枢纽。

（2）法兰克福-哈恩机场（HHN）。该机场是自 1993 年由原美国空军基地改建而成的民用国际机场，其货运量位居德国第五，同时，也是德国发展最为迅速的机场之一。该机场主要提供廉价航空服务。

七、阿联酋航空运输地理

（一）阿联酋概况

阿联酋中文全称为阿拉伯联合酋长国，属于二区中的中东次区。阿拉伯联合酋长国位于阿拉伯半岛东北部，北濒波斯湾，西北与卡塔尔为邻，西和南与沙特阿拉伯交界，东和东北与阿曼毗连，总面积约 83600 平方公里。首都是阿布扎比，阿联酋的官方语言是阿拉伯语，阿联酋的主要城市有：阿布扎比、迪拜、沙迦、哈伊马角，阿联酋主要的航空公司有阿联酋航空、阿提哈德航空。

（二）阿联酋主要城市及机场

迪拜是阿拉伯联合酋长国人口最多的酋长国，从面积上计算，是继阿布扎比之后的第二大酋长国。迪拜市是阿拉伯联合酋长国最大的城市，也是中东地区的经济和金融中心。迪拜属于热带沙漠气候，只有夏天和冬天，夏季气温极度酷热，气温高达 45℃以上。

迪拜的旅游景点主要有：棕榈岛，迪拜塔，迪拜购物中心，帆船酒店，如图 7-2。

迪拜国际机场（代码 DXB）。该机场位于迪拜东南 4 千米处，是阿拉伯联合酋长国主要机场之一，可起降包括 A380 内的所有机型，是中东地区重要的航空中途站之一，许多往来于亚洲、欧洲及非洲间的飞机都停于此。因为机场内拥有众多的商店，它成了在阿联酋购买免税商品的主要场所。

图 7-2　帆船酒店

八、南非航空运输地理

（一）南非概况

南非中文全称南非共和国，是 IATA 二区中的非洲次区，南非首都是比勒陀利亚、开普敦和布隆方丹，南非的官方语言是英语、祖鲁语、南非荷兰语，南非的主要城市有：开普敦、约翰内斯堡、伊莉莎白港、德班。南非的主要航空公司是南非航空。

（二）南非主要城市及机场

南非主要城市包括开普敦和约翰内斯堡。

1. 开普敦

开普敦位于南非西南端，是南非第二大城市，是南非的立法首都。开普敦以其美丽的自然景观及码头闻名。知名的地标有被誉为“上帝之餐桌”的桌山，以及印度洋和大西洋的交汇点好望角。开普敦属于地中海气候，四季分明。冬季在每年 5～8 月，冷锋连同大量的雨水自大西洋来，平均最低温度只有7℃左右；夏季为每年11月至次年2月，气候温暖而干燥，平均最高气温为26℃。主要旅游景点有：好望角、桌山、海豹岛、花园大道等。

开普敦国际机场（代码CPT）是南非第二大机场，也是南非重要的门户机场。

2. 约翰内斯堡

约翰内斯堡位于南非东北部瓦尔河上游高地，是南非最大城市和经济中心，也是南部非洲第一大城市，更是世界上最大的产金中心，有大型矿山机械、化学、纺织、电机、汽车装配、橡胶等工业，金融、商业发达。约翰内斯堡属于亚热带气候，主要景点有：黄金城、野生园等。

奥利弗·雷金纳德·坦博国际机场（IATA代码：JNB），又称约翰内斯堡国际机场，位于约翰内斯堡以东22千米处，是南非至非洲最繁忙的机场。该机场于1952年启用，2006年11月26日，空中客车A380客机在一次经南极的测试飞行中降落于此，使该机场成为第一个迎接A380的非洲机场。

【阅读材料】

中转联程与中转服务

由航空公司之间或独自的航班通过中转的方式到达目的地的旅行方式叫作中转联程，也叫无缝转接。中转时，航班衔接时间为45分钟到72小时。由于中转联程的价格比正常直达票价低很多，所以，备受旅客的青睐，是自费商旅的首选。

中转服务是民航针对购买联程机票的旅客而开展的空地一条龙服务。从售票这一环节开始，每个部门都会把中转旅客的姓名、人数、换乘航班情况通知后续部门。中转旅客到达换乘机场后，只要在到达大厅找到中转服务柜台，便会有专人协助其提取行李、办理后续航班登机手续、通过安检。

作业：

1. 试描述二区的范围和组成。
2. 试回答俄罗斯的航空港状况。
3. 试回答德国的航空港状况。

第五节　三区主要国家航空运输地理

一、IATA 三区的定义

IATA 三区的范围包括：二区之外的亚洲地区及邻近的岛屿、东印度群岛、澳大利亚、新西兰及 IATA 一区之外的太平洋岛屿。

二、IATA 三区中的次区

IATA 三区分为以下几个部分：南亚次大陆次区、东亚次区、东南亚次区、西南太平洋次区。

三、日本航空运输地理

（一）日本概况

日本中文全称为日本国，属于 IATA 三区中的东亚次区。日本国名意为“日出之国”，总面积约 37.79 万平方公里，主体民族为大和族，日本人口约 1.26 亿。日本的首都是东京，官方语言是日语，主要城市有东京、大阪、横滨、名古屋、神户，主要航空公司有日本航空、全日空，主要旅游景点有：上野公园、二条城、清水寺、富士山、东京塔、大阪城。

1. 自然环境

（1）地理位置

日本位于亚欧大陆东部、太平洋西北部。领土由本州、四国、九州、北海道四大岛及 7200 多个小岛组成，因此，被称为“千岛之国”。日本陆地面积约 37.79 万平方公里。日本西部和南部是一望无际的太平洋，西临日本海、东海，北接鄂霍次克海，隔海分别和朝鲜、韩国、中国、俄罗斯、菲律宾等国相望。

（2）气候

日本以温带和亚热带季风气候为主，夏季炎热多雨，冬季寒冷干燥，四季分明。

（3）地形

日本是一个多山的岛国，山地成脊状分布于日本的中央，将日本的国土分割为太平洋一侧和日本海一侧，山地和丘陵占总面积的71%，大多数山为火山。

（4）地质

日本位于亚欧板块和太平洋板块的消亡边界，是西太平洋岛弧—海岸山脉—海沟组合的一部分。全国68%的地域是山地，日本最高的山峰是著名的富士山，海拔3776米。日本位于环太平洋火山地震带上，全球有十分之一的火山位于日本，世界6级以上的地震中，超过二成都发生在日本。

（5）水资源

日本境内河流流程短，水能资源丰富，最长河信浓川长约367米，最大的湖泊琵琶湖，面积约672.8平方公里。

（6）自然资源

日本自然资源贫乏，除煤炭、天然气、硫黄等少量矿产外，其他工业生产所需的主要原料、燃料都要从海外进口；但是，日本的森林和渔业资源丰富，森林覆盖率占日本陆地面积的69%，北海道和日本海是世界著名的大渔场，盛产700多种鱼类。

2. 经济环境

日本经济高度发达，国民拥有很高的生活水平。人均国内生产总值约39731美元，是世界第17位。若以购买力平价计算，国内生产总值居世界第3位（次于美国和中国），人均国内生产总值是世界第23位。

日本的服务业，特别是银行业、金融业、航运业、保险业以及商业服务业处于世界领导地位。自二次大战后，日本的制造业得到迅速发展，尤其是电子产业和汽车制造业。日本的电子产业和高科技著名制造商包括索尼、松下、佳能、夏普、东芝、日立等公司比较发达。日本的汽车生产量超越美国和德国，是全球最大的汽车生产国，其中，丰田、马自达、本田和日产等制造商，均出产汽车行销全球。

（二）日本主要城市及机场

日本主要城市有东京和大阪。

1. 东京

东京位于日本本州岛东部，是日本的首都，也是日本的政治、经济、文化及交通等领域的枢纽中心，东京属于亚热带季风气候，年平均气温为15.6℃，四季分明。东京是亚洲第一大城市，世界第二大城市，东京拥有目前全球最复杂、最密集且运输流量最高的铁路运输系统和通勤车站群。东京的旅游景点主要有：东京迪士尼乐园、涩谷、秋叶原、东京塔等。东京主要有两大机场：

（1）东京国际机场（IATA 代码：HND），一般称为羽田机场。该机场位于东京南部，距东京市中心 16 千米。机场建于 1931 年 8 月，最早是一所国营的民航机场。第二次世界大战后，为美军接管。1952 年再次开放，机场作为首都东京航空运输的出入门户，经营国际和国内航空客、货运输业务，图 7－3 为东京国际机场。

图 7－3　日本东京国际机场

（2）成田机场（IATA 代码：NRT）。成田机场位于东京以东 68 千米处的千叶县成田市，是日本最大的国际航空港。成田机场建于 1978 年，年旅客吞吐量居日本第二位（第一位是羽田机场），是日本的一类机场。

2. 大阪

大阪位于本州岛西南部大阪湾东北岸，是日本关西第一大城市，是日本的经济、贸易和文化中心。大阪属于亚热带海洋性季风气候，夏季高温多雨，冬季温和湿润，四季分明，一年中最佳的旅游时间莫过于春、秋两季。

大阪旅游景点主要有：大阪城、心斋桥、日本环球影城等。

大阪有两个大型机场：

(1) 大阪国际机场，又称为大阪伊丹机场。大阪国际机场位于大阪市区西北 16 千米处。

(2) 大阪关西国际机场，该机场位于大阪西南 50 千米处的大阪湾人工岛屿上，有跨海大桥与大阪相连。

四、韩国航空运输地理

(一) 韩国概况

韩国中文全称为大韩民国，又称南韩、南朝鲜。韩国属 IATA 三区中的东亚次区。韩国成立于 1948 年 8 月 15 日。韩国位于东北亚韩国半岛南部，三面环海，西濒临黄海，与胶东半岛隔海相望，东南是朝鲜海峡，东边是日本海，北面隔着三八线非军事区与朝鲜相邻，领土面积约占朝鲜半岛总面积的 4/9。韩国的首都是首尔，韩国的主要城市有：首尔、釜山、大邱、仁川、光州、蔚山，韩国的主要航空公司有：大韩航空、韩亚航空。

1. 自然环境

(1) 地形：山地占朝鲜半岛面积的三分之二左右，地形具有多样性，低山、丘陵和平原交错分布。

(2) 气候：韩国北部属温带季风气候，南部属亚热带季风气候，海洋性特征显著。

(3) 自然资源：韩国矿产资源较少，其主要工业原料均依赖进口。

2. 经济环境

韩国经济是市场经济模式。韩国是“亚洲四小龙”之一，是世界上经济发展速度最快的国家之一。韩国创造的经济繁荣被为“汉江奇迹”。韩国是个外向型经济国家，国际贸易在韩国 GDP 中占有很大的比重，是世界第七大出口国和第七大进口国。

（1）农业：韩国农业资源禀赋非常稀缺，是世界人均耕地面积最少的国家之一，韩国农产品较多依赖进口。

（2）能源：韩国是能源消费大国，占世界能源消费的 2.1%，居第八位。由于能源匮乏，韩国 97%的能源消费依赖进口。韩国很重视核能的发展，是世界第五大核电生产国。

（3）制造业：韩国制造业是韩国经济的主导产业。韩国是世界造船大国；韩国是电子产品的佼佼者，世界知名的产品制造商有三星、LG、SK 等，其中，三星是全球最大的信息技术公司。

（二）韩国主要城市及机场

首尔，全称首尔特别市，旧称汉城。首尔位于韩国西北部、朝鲜半岛中部，是韩国最大的城市和韩国的首都，也是韩国政治、经济、科技和文化中心。2012 年 9 月 14 日，韩国行政首都开始从首尔迁至世宗市，韩国成为一个一国二都的国家。首尔属于温带季风气候，四季分明，春、秋季少雨，气候温和。首尔是高度数字化城市，网速和数字机会指数均居世界首位。

韩国的旅游景点主要有：乐天世界、明洞、景福宫、青瓦台。

首尔有两个机场：

（1）仁川国际机场（IATA 代码：ICN）。该机场位于首尔以西 40 千米处。在国际机场协会每年实施的世界机场服务评价中，仁川国际机场连续八年蝉联“亚洲、太平洋最佳机场奖”和“大中型机场最佳机场奖”。

（2）金浦国际机场（IATA 代码：GMP）。该机场位于首尔西部，距市中心 17 千米，曾经是东北亚地区最繁忙的机场之一。仁川国际机场启用后，金浦国际机场成为以国内航班为主的次要机场。

五、印度航空运输地理

（一）印度概况

印度中文全称为印度共和国。印度属于 IATA 分区中的三区南亚次区，印度的首都是新德里，官方语言是印地语和英语，印度的主要航空公司有印度航空。

印度的旅游景点主要有泰姬陵、红堡、印度博物馆、象岛等。

（二）印度主要城市及机场

印度主要城市包括新德里、孟买和加尔各答。

1. 新德里

新德里位于印度西北部，坐落在恒河支流亚穆纳河西岸，是印度的首都和政治、经济、文化中心，其主要产业为 IT、电信、餐饮住宿服务、金融、媒体和旅游业。新德里属于亚热带季风气候，春夏之交较热；每年雨季从 6 月中旬开始，一直持续到 10 月。新德里的主要旅游景点有红堡、古城堡、印度国家博物馆。

英迪拉·甘地国际机场（IATA 代码：DEL）。该机场位于新德里以南 21 千米处，是印度主要的航空港，也是南亚第二繁忙的空港。

2. 孟买

孟买是印度西岸大城市、全国最大海港，是印度最大的棉纺织中心和世界上最大的纺织品出口港，有“棉花港”之称。孟买地处热带，濒临阿拉伯海。孟买的气候类型是热带季风气候，大体上可分为两个主要季节——干季和湿季，干季介于 11 月和次年 2 月之间，特点是湿度中等，气温温暖或凉爽；湿季介于 3 月和 10 月之间，特点是湿度很高，气温超过 30℃。孟买的主要旅游景点有：象岛、印度门、阿旃石窟。

贾特拉帕蒂·希瓦吉国际机场（IATA 代码：BOM）。该机场又称孟买机场，位于孟买北部 29 千米处，是印度乃至整个南亚地区最大、最繁忙的机场。机场以马拉地帝国君主贾特拉帕蒂·希瓦吉的名字命名。

六、泰国航空运输地理

（一）泰国概况

泰国中文全称为泰王国，泰国位于 IATA 分区中三区东南亚次区。泰国的首都是曼谷，官方语言是泰语，泰国的主要航空公司是泰国航空。

泰国的主要旅游景点有大皇宫、暹罗广场、素贴寺、芭堤雅海滩等。

（二）泰国的主要城市及机场

曼谷是泰国的首都、泰国最大的城市。曼谷是泰国政治、经济、贸易、交通、文化、科技、教育与各方面的中心，被誉为“佛教之都”。泰国人称曼谷为“军贴”，意思是“天使之城”。曼谷属热带季风气候，终年炎热，年平均气温 27.5℃，年降水量为 1500 毫米，一年中最舒适的月份是 11 月至次年 1 月，也是旅游的最佳时节。

曼谷的旅游景点主要有：大皇宫、暹罗广场、考山路、玉佛寺等。

曼谷拥有两座机场：

（1）素万那普国际机场（IATA 代码：BKK）。该机场位于曼谷以东 30 千米处，又称（新）曼谷国际机场，于 2006 年投入使用，是东南亚地区主要空运中转站。

（2）廊曼国际机场（IATA 代码：DMK）。该机场又称旧曼谷国际机场，该机场启用后，主要运营国内航线和亚洲航线。该机场的特别之处是，有一座夹在两条机场跑道中间的高尔夫球场。

七、新加坡航空运输地理

（一）新加坡概况

新加坡中文全称新加坡共和国，旧称新嘉坡、星洲或星岛，别称狮城，是东南亚的一个岛国，政治体制实行议会制共和制。在 IATA 分区中，新加坡属二区中的东南亚次区。新加坡北隔柔佛海峡与马来西亚为邻，南隔新加坡海峡与印度尼西亚相望，毗邻马六甲海峡南口，国土除新加坡岛外，还包括周围数个小岛。新加坡是一个多元文化的移民国家。新加坡以稳定的政局和廉洁高效的政府而著称，是全球最国际化的国家之一。新加坡是亚洲的发达国家，被誉为“亚洲四小龙”之一。新加坡的首都是新加坡，新加坡的货币是新加坡元，官方语言是英语、华语、马来语、泰米尔语，新加坡的主要城市是新加坡，新加坡主要航空公司是新加坡航空。

新加坡的旅游景点主要有：圣淘沙、牛车水唐人街、克拉码头、鱼尾狮公园等。

1. 自然环境

新加坡地势起伏和缓，且大多数被树林覆盖，东部以及沿海地带都是平原，地理最高点为武吉知马，高 163 米。新加坡地处热带，属于热带雨林气候，终年高温多雨。

2. 经济环境

新加坡属外贸驱动型经济，以电子、石油化工、金融、航运、服务业为主，高度依赖美、日、欧和周边市场，外贸总额是 GDP 的四倍。经济长期高速增长。据 2014 年全球金融指数（GFCI）排名报告，新加坡是全球第四大金融中心。新加坡的工业主要包括制造业和建筑业。制造业产品主要包括电子、化学与化工、生物医药、精密机械、交通设备、石油产品、炼油等产品。迄今为止，新加坡已成为东南亚最大修造船基地之一，以及世界第三大炼油中心。新加坡的旅游业占 GDP 的比重超过 3%，旅游业是新加坡外汇主要来源之一。游客主要来自东盟国家、中国、澳大利亚、印度和日本等国。外贸是新加坡国民经济的支柱。

（二）新加坡主要城市及机场

新加坡是东南亚位于马来半岛南端的一个岛国，也是一个城邦。新加坡市区是新加坡共和国的首都，位于新加坡岛的南端，是新加坡的政治、经济、文化中心，境内共有逾 300 座公园及 4 个自然保护区，有“花园城市”之称。新加坡地处热带雨林气候区，全年气候湿热，昼夜温差小，许多人以“常年是夏，一雨成秋”来形容。

新加坡樟宜国际机场（IATA 代码：SIN）。该机场位于新加坡东北 21 千米处，自 1981 年启用以来，樟宜机场以其优质服务享誉航空界。樟宜国际机场是新加坡主要的民用机场，也是亚洲重要的航空枢纽。在 1987 年到 2011 年间，共赢取超过 360 个奖项。

八、澳大利亚航空运输地理

（一）澳大利亚概况

澳大利亚中文全称为澳大利亚联邦。澳大利亚领土面积约 769 万平方千米，四面环海，是世界上唯一一个国土覆盖整个大陆的国家。澳大利亚拥有很多独特的动植物和自然景观，是一个奉行多元文化的国家。按照IATA分区的原则，澳大利亚属于三区中的西南太平洋次区，澳大利亚的首都是堪培拉。1788年至1900年，澳大利亚曾是英国的殖民地。1901年，殖民统治结束，澳大利亚成为一个独立的联邦国家。澳大利亚被为“坐在矿车上的国家”和“骑在羊背上的国家”，主要是指澳大利亚是多种矿产出口量全球第一的国家，澳大利亚是世界上放养绵羊数量和出口羊毛最多的国家。

澳大利亚的官方语言是英语，主要城市有堪培拉、悉尼、墨尔本、布里斯班、珀斯，澳大利亚主要的航空公司是澳洲航空。澳大利亚的旅游景点主要有格里芬湖、黄金海岸、圣诞岛、科科斯群岛等。

1. 自然环境

（1）地理位置

澳大利亚位于南太平洋和印度洋之间，由澳大利亚大陆和塔斯马尼亚岛等岛屿和海外领土组成。

（2）地形

澳大利亚的地形很有特色，东部山地，中部平原，西部高原。国土约有70％部分属于干旱或半干旱地带。

（3）气候

澳大利亚地处南半球，季节与中国完全相反。澳大利亚跨两个气候带，北部属于热带气候，南部属于温带气候。澳大利亚内陆是荒无人烟的沙漠，干旱少雨；在沿海地区，则是雨量充沛，气候湿润，呈现明显的海洋性。

2. 经济环境

澳大利亚是一个高度发达的资本主义国家。农牧业发达，自然资源丰富，有“骑在羊背上的国家”“坐在矿车上的国家”和“手持麦穗的国家”之称，澳大利亚长期靠出口农产品和矿产资源赚取大量收入，盛产羊、牛、小麦和蔗糖，同时也是世界上重要的矿产资源生产国和出口国。澳大利亚黄金业发达，已成为世界上屈指可数的产金大国。澳大利亚产值最高的行业是房地产业、商业服务业和金融保险业。澳大利亚的贸易伙伴主要有中国、日本、美国、新加坡等。

（二）澳大利亚主要城市及机场

澳大利亚的主要城市主要包括悉尼、墨尔本、布里斯班、珀斯。

1. 悉尼

悉尼位于澳大利亚东南岸，是澳大利亚最大的城市和港口，也是澳大利亚经济、金融、交通中心；悉尼属于亚热带湿润气候，一年四季的气候都很温和，旅游的最好的时间通常在10月至次年的4月。悉尼的旅游景点主要有：悉尼歌剧院、悉尼大桥、邦迪海滩等。

金斯福德·史密斯国际机场（IATA代码：SYD）。该机场又称悉尼机场，它位于悉尼市区南部8千米处，是澳大利亚最大、最繁忙的机场。

2. 墨尔本

墨尔本位于澳大利亚东岸维多利亚州南部，是澳大利亚人口排名第二的城市。因城市的绿化面积高达40%，墨尔本曾连续多年被联合国人居署评为最适合人类居住的城市。墨尔本的气候属于亚热带湿润气候，具有冬季多雨、夏季干燥的特点。墨尔本的主要旅游景点有：圣保罗教堂、菲兹罗花园、皇家植物园等。

墨尔本机场（IATA代码：MEL）。该机场距离墨尔本商业中心区23公里处，它位于维多利亚州近郊地区，所以，又称图拉曼丽国际机场。

【阅读材料】

旅客退票

由于航空公司或旅客原因，旅客不在客票有效期内完成部分或全部航程，可以在客票有效期内要求退票。

旅客应凭客票或客票未使用部分的“乘机联”和“旅客联”办理退票。国内航班退票只限在出票地、航班始发地、终止旅行地的航空公司或其销售代理人售票处办理。票款只能退给客票上列明的旅客本人或客票的付款人。国际航班退票应在原购票地点或者经航空公司同意的其他地点，并符合原购票地点和退票地点国家的法律及其他规定。

旅客自愿退票，除凭有效客票外，还应提供旅客本人的有效身份证件。

革命伤残军人和因公致残的人民警察要求退票，免收退票费。持婴儿客票的旅客退票，免收退票费。持不定期客票的旅客要求退票，应在客票的有效期内到原购票地点办理退票手续。旅客在航班的经停地自动终止旅行，该航班未使用航段的票款不退。

因航空公司原因造成航班取消、提前、延误、航程改变或不能提供原订座位时，旅客要求退票，始发站应退还全部票款，经停地应退还未使用航段的全部票款，均不收取退票费。

旅客因病要求退票，需提供医疗单位的证明，始发地应退还全部票款，经停地应退还未使用航段的全部票款，均不收取退票费。

作业：

1. IATA 三区的范围是什么？

2. 试分析日本的地理特征。

3. 试回答澳大利亚的主要航空港。

第八章 航空飞行的地球环境

第一节　地球的形状

一、地球的形状

地球是一个不规则的椭球体，两极稍扁、赤道略鼓。地球的平均半径约6371公里，极半径约6356公里；赤道半径约6378公里，由于极半径和赤道半径相差不大，一般情况下，人们仍然把地球视为一个圆球体。

二、地球形状的飞行意义

由于地球是一个不透明的球体，而太阳光线是平行光线，所以，地球上同一经度的时间是一样的；同一纬线上不同经度的各点时间是不一样的。如，接受太阳光直射的那条经线的地方时是一天的正午（中午12：00），而正背对太阳光直射的那条经线的地方时就是一天中的午夜（0：00）。正是由于地球是一个球体的原因，飞机飞行到不同的经度，其地方时不相同的。

第二节　地球的运动

一、地球的运动

地球的运动包括地球的自转和公转两种基本形式。其中，与飞行关系比较密切的是地球的自转。地球的自转是地球绕地轴的运动，地轴的北端始终指向北极星附近，如图 8－1。

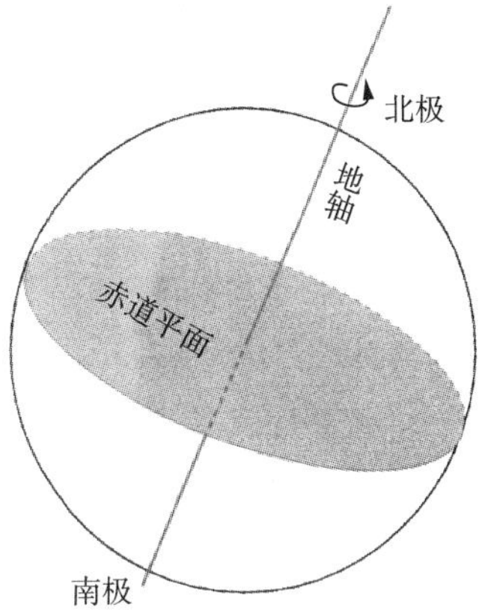

图 8－1　地球的自转

地球自转的方向是自西向东。如果从北极上空看，是逆时针方向；如果从南极上空看是顺时针方向，如图 8－2。

地球自转的周期因选择参考点的不同而不同。如果以距离地球最遥远的同一恒星日作为参考点，则一个恒星日的时间长度是 23 小 56 分 4 秒；如果以太阳作为参考点，则一个太阳日的时间长度是 24 小时。

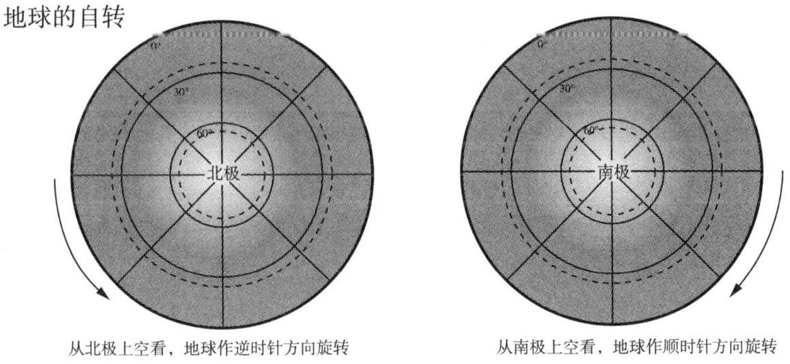

图 8－2　从北极和南极上空看地球自转的方向

地球的公转是地球围绕太阳的运动，如图 8－3。

二、地球运动的飞行意义

关于地球的运动，有地球的自转和地球公转两种形式。地球的自转产生昼夜交替和地转偏向力现象，地球的公转产生了昼夜长短和四季更替现象。

（一）地球自转对航空飞行中昼夜交替的影响

由于地球是一个既不发光、也不透明的球体，所以，在同一天时间里，太阳只能照亮地球表面的一半。向着太阳的半球是白天，背着太阳的半球是

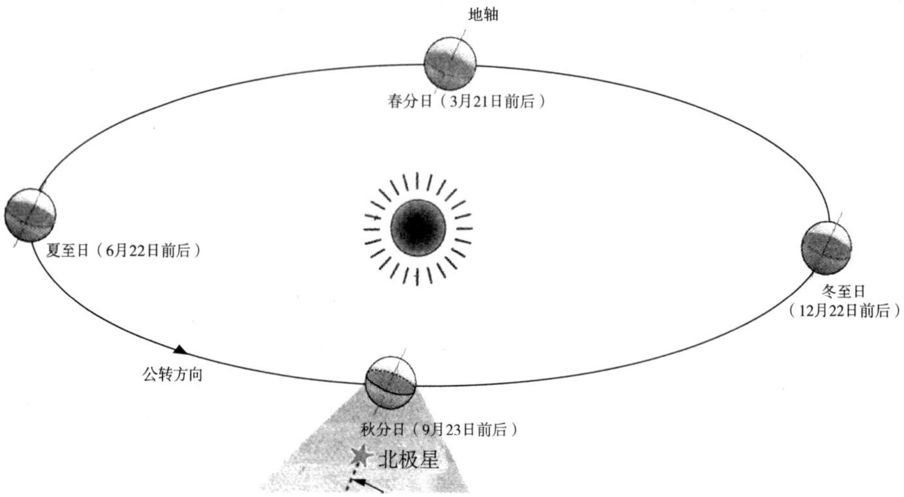

图 8-3　地球的公转

黑夜。昼半球和夜半球的分界线，叫晨昏线。晨昏线把经过的纬线分割成昼弧和夜弧，如图 8-4 是地球的昼半球和夜半球。

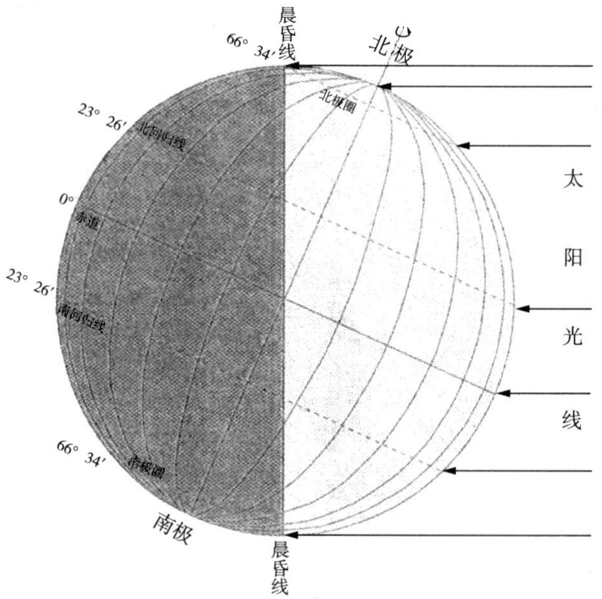

图 8-4　地球的昼半球和夜半球

(二) 地球自转对航空飞行中地方时差的影响

1. 具体表现

由于地球自西向东自转，在同一纬度地区，相对位置偏东的地点，要比相对位置偏西的地点先看到日出，这样，时间就有了早和迟之分。一般而言，在同一纬度地区，东早西迟。由于地球一圈的角度是 360 度，一天有 24 小时，因此，经度每隔 15 度，地方时就相差 1 小时；或者说，经度每隔 1 度，地方时就相差 4 分钟。

为了使用上的方便，在 1884 年召开的国际经度会议上，人们决定按统一标准划分全球时区，实行分区计时的办法。人们把全球共分为 24 个时区，每个时区跨经度 15 度。各个时区都以本时区的中央经线地方时作为本区的区时。相邻两个时区的区时相差 1 个小时。图 8－5 为通过英国伦敦的 0°经线图，是中时区的中央经线。

图 8－5　通过英国伦敦的 0°经线图

实际上，在分区计时的基础上，许多国家往往根据本国的具体情况，采用了一些特别的计时办法。有的国家根据领土跨越经度广的实际，在不同的时区分别采用不同的区时作为标准时间。如，美国本土部分由东到西包括西 5 区、西 6 区、西 7 区、西 8 区四个时区。这四个时区分别采用不同的区时作为标准时间，即东部时间、中部时间、山地时间和太平洋时间。

有的国家为了国内各地联系方便，统一采用首都所在地的区时。如，我国统一采用北京所在地的东八区的区时作为标准时间。

由于零（中）时区向东每跨越 1 个时区就增加 1 个小时，向西每跨越 1 个时区就减少 1 个小时，这样，在东、西经 180°两侧的东十二区和西十二区就相差了 24 小时，即 1 天。

为了避免日期的混乱，在 1884 年的国际经度会议上规定，原则上以 180 度经线作为地球上“今天”和“昨天”的分界线，并把 180 度经线叫作“国际日期变更线”。

考虑到实际情况，日界线与 180 度经线并不完全吻合，它是太平洋上的一条折线。从东十二区向东越过日界线进入西十二区，日期要减去一天；从西十二区向西越过日界线进入东十二区，日期要加上一天。东十二区是全球时间最早的地方，西十二区是全球时间最晚的地方，即，东十二区最东，西十二区最西。相邻的东十二区和西十二区钟点相同，日期相差 1 天，即，东十二区比西十二区早 1 天，西十二区比东十二区迟 1 天。

2. 时差的计算

已知一地的时区和地方时，求飞行到另一已知地区的地方时。

解题思路：采用公式 $T_0=T_1\pm N$，其中，T_0是所求地方时，T_1是已知地方时，N 是两个时区的绝对值之和。至于采用相加或相减的办法。如果所求时区在已知时区以东，用加号；如果所求时区在已知时区以西，用减号。N 为所相隔的时区，如果同在东时区或同在西时区，则用绝对值大的数减去绝对值小的数；如果两个点分别位于东、西时区，则 N 为两个时区数之和。

例 1. 已知马绍尔群岛（E12）的当地时间为 4 月 10 日 13：00，求此时的檀香山（W10）的当地时间是多少？

解：(1) 两个地方的时区差为 $12+|-10|=22$

(2) 根据东早西迟原则，$T_{檀}$＝4 月 10 日 13：00－22

＝4 月 9 日 37：00－22

＝4 月 9 日 15：00

答：此时的檀香山（W10）的当地时间是 4 月 9 日 15：00。

3. 飞行时间的计算

已知两地的时区和地方时，求飞机在空中飞行的时间。

解题思路：采用公式 $T_0=T_1\pm N$，求出飞行目的地的飞机出发时的初始时间，目的地的现在时间和飞机出发时目的地的初始时间之差即为飞行时间。

例 2. 某人 1 月 28 日 9：44 乘 CA985 航班从北京（E8）启程，到达华盛顿（W5）时，当地时间为 1 月 28 日 15：30。求旅客在途中经历了多长时间?

解：(1) 飞机从北京出发时，华盛顿的当地时间为 $T_0=T_1\pm N$＝1 月 28 日 9：44－（8＋｜－5｜）＝1 月 27 日 33：44－13＝1 月 27 日 20：44

(2) 飞机实际飞行时间：1 月 28 日 15：30－1 月 27 日 20：44＝1 月 27 日 39：30－1 月 27 日 20：44＝18 时 46 分

答：旅客在途中飞行了 18 小时 46 分钟。

(三) 地球自转对航空飞行中飞行方向的影响

在地球上，运动的物体总是力求保持它的方向和速度，但是，由于地球本身在旋转，从而各地的方向坐标也在不断发生变化，也就是东、南、西、北的方向在不断地变化，这就使得运动物体相对发生了偏移，这种使运动物体发生偏移的力叫地转偏向力。在北半球，无论物体如何运动，总要向运动方向的右侧偏移；在南半球，无论物体如何运动，总要向运动方向的左侧偏移；在赤道上，运动物体不发生偏移。由赤道到两极，偏移程度逐步增大。图 8－6 是我国长江江水受地转偏向力的影响，对右岸江堤侵蚀的实例。

地转偏向力的作用必然使飞行产生一定程度的偏转。在实际飞行过程中，飞行员一定要克服这一偏移，否则，飞机不能准确飞抵目的地。

(四) 地球公转对航空飞行中昼夜长短的影响

由于地球公转的原因而产生昼夜长短的现象，对于航班计划的制订会产生影响，航空公司可根据季节的不同，在一年中会有夏秋班期时刻表和冬春

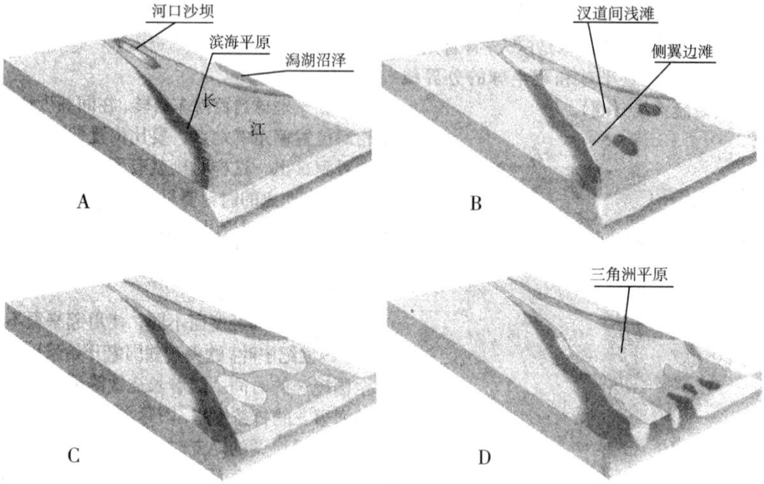

图 8 - 6　长江三角洲的发育

班期时刻表两个航班计划。这是因为：一方面，由于季节的不同，会引起市场需求的变化；另一方面，由于昼夜长短会发生变化，航空公司也需要对每一天的航班时刻进行适当的调整。

在北半球，由于冬半年白天比夏半年白天短，为了充分利用白天，冬半年的航班时刻比夏半年提前 1～2 个小时。我国民航航班计划安排是：每年 3 月的最后一个星期日至 10 月的最后一个星期六执行夏秋航班计划；10 月的最后一个星期日到第二年的 3 月份的最后一个星期六执行冬春航班计划。如，2017 年，我国夏秋航班计划是从 3 月 26 日到 10 月 28 日，冬春航班计划是从 10 月 29 日到 2018 年 3 月 31 日。

(五) 地球公转对航空飞行中四季更替的影响

由于地球的公转产生了四季更替。在每一个季节，气温、风向、风速、降雨等天气环境均有较大不同。这些不同季节下天气要素的差异性必将对航空运输的日常运营带来较大影响。

【阅读材料】

影响航班正常起降和飞行的天气原因

影响飞行的大气现象主要可分为云、雾、雨、雷、电、风 6 类，它们主要发生在 7000 米高度以下的空中，变化大，有时还很剧烈。

“天气原因”简单的四个字实际上包含了很多情况：出发地机场天气状况不宜起飞；目的地机场天气状况不宜降落；飞行航路上气象状况不宜飞越等。

为了确保飞行安全，符合飞行、起飞、降落的天气条件。这时首先介绍天气状况对一次航班飞行的影响出现在哪些地方，有助于旅客理解。

（1）出发地机场天气状况（主要指能见度、低空云、雷雨区、强侧风）；

（2）目的地机场天气状况（主要指能见度、低空云、雷雨区、强侧风）；

（3）飞行航路上的气象状况（主要指高空雷雨区）；

（4）机组状况（主要指机组技术等级、把握当前气象及趋势并做出专业决策的能力）；

（5）飞机状况（主要指该机型对气象条件的安全标准、符合安全的前提下某些机载设备失效导致飞机不宜在该天气状况飞行）；

（6）因恶劣天气导致的后续状况（主要指机场导航设施受损、跑道不够起降标准，如结冰、严重积水等）。

天气总是在不断地变化，恶劣天气出现的时间有时很短，也许，5 分钟前和 5 分钟后的天气都允许飞机降落，而旅客的飞机正好赶上那阵恶劣的天气状况而无法降落，这也是常见的现象。

有时，很多旅客不明白，目的地机场所在城市的天气状况良好，能见度高，而航班还是因为天气原因延误。其实，目的地机场所在城市天气状况良好并不代表该机场适宜飞机降落。覆盖在机场起飞、降落航道附近的低云、雷雨区，是导致这类延误的常见因素。出现这种情况的可能性很多，首先要明确的是飞机起降的标准与飞机机型有关；其次，航班是否延误取决于机长对飞机状态、机场、气象等的判断后的决定。民航法规定：当机长发现民用航空器、机场、气象不符合规定，不能保证飞行安全时，有权拒绝飞行。

作业：

1. 已知北京（E8）当地时间为 1 月 28 日 9：44，求此刻中央时区的区时（世界标准时或格林尼治标准时，简称 GMT）。

2. 已知华盛顿（W5）当地时间为 1 月 28 日 15：30，求此刻中央时区的区时（世界标准时或格林尼治标准时，简称 GMT）。

3. 已知大马士革（E3）的当地时间为 1 月 15 日的 12：00，求此刻上海（E8）的时间。

4. 航班 MU586 于 1 月 16 日 12：30 从洛杉矶（W8）起飞，到达北京的时间为 1 月 17 日 23：20，求飞机在空中飞行了多少时间。

第三节　地球的圈层结构

一、地球的圈层结构

地球的圈层结构包括岩石圈、生物圈、水圈和大气圈，如图 8－7。其中，和飞行关系比较密切的是岩石圈、生物圈和大气圈。

图 8－7　地球外部圈层示意图

飞机起飞和降落的机场建在岩石圈上，飞机主要是供生物圈中的人使用的，飞机的飞行主要是在大气圈中进行的。

（一）大气的垂直分层

根据大气的热力性质在垂直方向上的差异，可将大气分为五层，即：对流层、平流层、中间层、暖层和散逸层，如图 8－8。

1. *对流层*

对流层是紧贴地面的一层。它的高度因纬度而异。在低纬度地区高 17～18 千米，在中纬度地区高 10～12 千米，在高纬度地区高仅 8～9 千米，平均

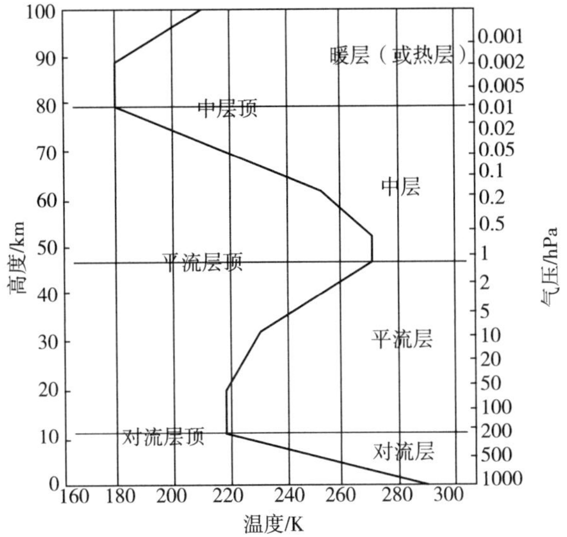

图 8-8　大气温度垂直变化曲线图

厚度为 10 千米。整个大气质量的四分之三和几乎全部水汽、杂质都集中在对流层。

对流层有三个主要特点：(1) 气温随高度的增加而递减。这是因为对流层大气的热量绝大部分直接来自地面，因此，离地面越高的大气，受热越少，气温越低。平均每上升 100 米，气温降低 0.6℃。(2) 空气对流运动显著。对流层上部冷下部热，有利于空气的对流运动。低纬度地区受热多，对流旺盛，对流层所达高度就高；高纬度地区受热少，对流层高度就低。(3) 天气现象复杂多变。近地面的水汽和杂质通过对流运动向上空输送，在上升过程中，随着气温的降低，容易成云致雨。云、雨、雪等天气现象都发生在这一层。对流层与人类的关系最为密切。

2. 平流层

平流层位于对流层之上。从对流层顶到 50～55 千米高度的范围是平流层。这一层的特点是：(1) 气温的垂直分布除下层随高度变化很小外，在 30 千米以上，气温随高度增加迅速上升。这是因为平流层中的臭氧大量吸收太阳紫外线而使气温升高。(2) 大气以水平运动为主。平流层上部热下部冷，大气稳定，不易形成对流。(3) 水汽、杂质含量极少，云、雨现象近于绝迹。

由于大气平稳，天气晴朗，能见度高，有利于飞机稳定飞行；而且，鸟类飞行高度一般不会达到平流层，所以，更有利于飞机的安全飞行。

3. 中间层

从平流层顶到 80 千米左右高度的范围是中间层。这一层的主要特点是：(1) 气温随高度增加迅速降低。因为这里没有臭氧。(2) 上部冷、下部暖，空气的垂直对流运动相对强烈，又称高空对流层。

4. 暖层

从中层顶到 500 千米高度的范围是暖层。这一层的特点是：气温随高度增加上升很快。由于该层中大气的物质（主要是氧原子）吸收了所有波长小于 0.175 微米的太阳紫外线。据人造卫星观测，在 300 千米的高度上，气温已达 1000℃以上。暖层中部分大气受太阳短波辐射处于高度电离状态，形成电离层。电离层的存在，对反射无线电波具有重要意义。极光发生在暖层顶部。

5. 散逸层

暖层顶以上的大气统称为散逸层。这里受地球引力场的束缚很弱，一些高速运动的空气质点经常散逸到星际空间去。它是地球大气向星际空间过渡的层次。散逸层是人造卫星、空间站和火箭等航天器的运行空间。

(二) 大气的运动和风的形成

大气时刻不停地运动着。大气中热量和水汽的输送，以及一切天气变化，都是通过大气运动实现的。大气运动的能量根本上来源于太阳辐射。由于太阳辐射对各纬度加热不均匀，造成高低纬度间热量的差异，这是引起大气运动的根本原因。

对于同一水平面上的大气来说，由于气温差异，有的地方气压高，有的地方气压低。这样，在地区之间就出现了气压差。人们把单位距离间的气压差叫作气压梯度。只要水平面上存在气压梯度，就产生了促使大气由高压区向低压区的力，我们把这个力叫作水平气压梯度力。在这个力的作用下，大气由高压区向低压区做水平运动，就形成了风。可见，水平气压梯度力是大气产生水平运动的原动力，是形成风的直接的原因。

（三）大气的降水

空气中容纳水汽量的多少，是随着气温而变化的。气温越高，空气中容纳水汽的量就越多，反之，则越少。在一定温度条件下，当空气不能容纳更多水汽时，就成为饱和空气。如果水汽再增加；或者空气上升，气温降低，就会使空气达到过饱和状态，空气中容纳不下的水汽便会凝结出来，由气态水变为液态水，这是形成降水的首要的物质条件。形成降水的另外一个条件就是有凝结核。在工业和人口集中的城市，尘埃增多，这些吸湿性很强的微尘便成为凝结核。

空气中降水，即自云中降落到地面上的液态水和固态水，如雨、雪、雹等，是这样产生的。降水来自云中，但有云时未必降水，因为如果云中云滴、冰晶体积太小，不能够克服空气的阻力和上升气流的顶托，而悬浮在空中。只有当云层继续上升冷却，或者云外不断有水汽输入云中，使云滴不断增大，以致上升气流再也托不住它们时，雨滴才会从云中降落下来，形成雨、雪、雹等降水。降水的过程实质上就是云滴增大成为雨滴、雪花或冰雹的过程。

由于促使空气上升的成因不同，降水的类型就有差别。一般将降水类型分为对流雨、地形雨、锋面雨和台风雨。

【阅读材料】

影响航班正常的空中管制原因

“海阔凭鱼跃，天高任鸟飞”，而在现实中，民航飞机在空中就如同汽车在地面一样是要受诸多因素的限制和影响的，总之，民航飞机是在有限的空间、有限的时间和有限的条件下起飞、降落和飞行的。目前，部分繁忙机场空中交通处于超负荷运转，飞机离港需要在地面滑行甚至等待较长时间，这也是正常现象。

航班若遇上流量控制，此时，飞机必须排队等候，机组一般会向旅客解释：“目前处于流量控制，正在等待航管指令”。而其他飞机能正常离港，可能目的地、方向不一致，没有受到本次流量控制的影响。

正常的流量控制一般是有预计时间的，机组会根据情况决定旅客登机后等待或在候机楼等待，但是有些时候，空中管制是没有预计时间的，随时可能解除管制，空域开放时间可能是短时间的，这就要求飞机先做好准备工作；如果时间等待太长，又没有很明确的消息何时能起飞，可能会出现等待很长时间后又下飞机到候机楼等待的情况。

作业：

1. 试概括地球大气各层的主要特点。

2. 试写出降水的形成过程。

第四节　影响飞机飞行的天气因素

对流层中空气流动比较频繁，天气状况复杂多变。平流层气流比较稳定，几乎没有天气现象产生，因此，对飞行有影响的天气现象主要集中在对流层，特别是对起飞和降落的影响较大。

一、影响飞机起降的天气

据调查，飞行事故最容易发生在飞机起飞和降落阶段，约占总数的67%。严重影响飞机起降的天气有地面大风、低空风切变、低能见度和雷暴等，这些天气现象都集中发生在7000米以下的对流层中。

（一）地面大风

由于空气在同一水平面上冷热不均，形成了气压高低不同，进而产生了水平气压梯度力，在水平气压梯度力的作用下，空气产生了流动，形成了风。地面大风，主要是由地面单位水平气压梯度力较大而形成的。

在飞机起飞和着陆时，逆风能缩短滑行距离，顺风可延长滑行距离，强烈的侧风可使飞机偏离跑道；飞机起、降时所能承受的最大侧风，主要取决于机型。大型宽体客机比小型飞机抗风能力强；地面大风对飞机起降的影响还与风向、跑道的夹角有关，当风向与跑道的夹角越大时，对飞机的影响越大。此外，地面大风还会乱流，影响飞机飞行的稳定性；有时，地面大风还可能伴随浮尘、扬沙、沙尘暴、吹雪等天气，降低近地面的能见度。

（二）低空风切变

风切变是指在短距离内风向、风速的突然变化。风切变可以出现在高空，也可以出现在低空，当出现在600米以下的低空时叫低空风切变。低空风切变经常伴随强雷暴等强对流天气产生。但是，在弱雷暴、锋面和积雨云中，甚至在晴天，风切变也有可能产生。

由于风切变产生的时间短、范围小、强度大，而且探测难、预报难、航管难，特别是当风切变发生于低空，飞机正在起飞和降落时，飞机受力突然发生改变，飞行员难以及时采取措施，容易引发事故。由于低空风切变在飞机起飞、着陆阶段对飞行安全威胁极大，飞行员把其视为“机场瘟神”。

最严重的风切变飞机事故发生在2001年的美国，当时，美国航空公司喷气式飞机在空中遭遇风切变，突然失速，冲进纽约一个居民区，造成265人死亡。

（三）低能见度

能见度，从航空方面讲，是指视力正常的人在昼间能够看清目标轮廓的最大距离和在夜间能看清灯光发光点的最大距离。影响能见度的天气因素主要有雾、风沙、浮尘和降水等。

能见度是影响飞行安全和正常的关键因素之一。在因气象原因导致的飞行事故中，低能见度所造成的飞行事故最多。因此，当机场能见度低于起降标准时，飞机起飞存在严重的安全隐患。中国民航严令禁止飞行员在低于能见度标准的情况下起飞、降落，违者重罚，最高可以直接吊销执照，终生停飞。

迄今世界上最大的一次空难就是由低能见度引起的。1977年3月27日，荷兰航空公司一架波音747客机和美国泛美航空公司一架波音747客机在西班牙特里拉夫岛的机场起飞，该机场有两条交叉跑道，由于机场大雾，能见度很差，两架飞机在起飞滑跑中相撞，造成583人死亡的惨剧。

2013年，刚刚投入使用半年的云南昆明长水国际机场受到大雾天气影响，引发大面积航班延误，导致10000多名旅客滞留机场。

（四）雷暴

雷暴是由对流旺盛的积雨云引起的，伴有闪电雷鸣的局部风暴。它是积雨云强烈发展的结果。雷暴是一个“天气制造工厂”，它能产生各式各样的危及飞行安全的天气现象，如，强烈的湍流、颠簸、积冰、闪电、暴雨，有时还伴有冰暴、龙卷风、风切变。

雷暴云中强烈的上升气流和下沉气流可使飞机改变飞行高度。强雷暴云产生的阵风和强风切变，会使飞机失速、倾斜、严重偏离下滑跑道，影响飞机起飞和降落。雷暴引发的暴雨还影响能见度。如果飞机直接被雷电击中，会导致飞机上的仪表失灵，严重时，可以直接损害飞机机体。因此，雷暴是目前被航空界公认的严重威胁飞行安全的敌人。

2005 年 8 月 2 日，法国航空公司一架载有 309 名乘客和机组人员的客机在加拿大多伦多皮尔逊国际机场被雷电击中，飞机冲出跑道，起火燃烧。事故发生后，机上所有人员奇迹般死里逃生，仅有 43 名受伤者在逃离机舱后被送往医院接受治疗。

（五）降水

气象上的降水，主要包括雨、雪、冰雹。

降雨一般对飞行的影响不大，主要会降低能见度。另外，机场内的积水如果不能及时排除，会降低跑道的摩擦力，严重时可淹没跑道，无法正常起降。

雪在空气中反射光线，可能影响驾驶员的视线；它还能影响机场跑道的摩擦力。2015 年 3 月 5 日，美国达美航空公司的一架客机在纽约拉瓜迪亚机场降落时，因地面积雪原因而冲出跑道，导致 24 人在事故中受伤。

冰雹是一种特殊的降水形态。在冰雹区，气流的扰动很大，飞机应适时避开，大冰雹会对机体造成损害。

此外，在低温条件下，水滴或冰粒会黏附在飞机表面产生冰层，结冰后的翼型发生改变，使阻力增大，升力下降。

2008 年 1 月，中国南方发生大范围冰冻雨雪灾害天气。长江流域许多城市机场被迫关闭；很多飞机因跑道积雪、积冰未能起降，大量航班被取消或延误。

二、影响飞机飞行的天气

飞机飞行是指飞机平稳飞行的阶段，也就是巡航阶段。影响飞机飞行阶段的天气有：雷暴、湍流、高空急流等。

（一）雷暴

雷暴云（积雨云）是一种强烈的不稳定云系，其中的气流上升和下沉运动都非常强烈。在南方低纬度地区，夏季雷暴云的顶部高度最高可达 17～18 千米，延伸到平流层。

雷暴对飞机飞行的影响主要表现为颠簸和雷击。当发展旺盛的雷暴云顶端达到 10000 米时，云中上升、下降的气流垂直速度可达 20～30 米/秒，并伴有强烈的乱流。如果飞机不慎进入雷云中，强烈的气流会造成飞机中度以上颠簸。如果气流极为强烈，可以使飞机的飞行高度在瞬间上升或下降几十米甚至几百米。

另一个影响因素是雷击，雷击可引起无线电通信中断或设备损坏，引起飞机个别部位磁化，磁罗盘出现误差，使飞机迷失方向；油箱等设施如果被闪电击中，可能发生燃烧甚至爆炸，造成重大飞行事故。

为了避免雷暴对飞机飞行造成的影响，现在，一般在飞机上安装防雷电装置。它一般安置在机翼的翼尖处，亦叫“放电刷”，当飞机遭到雷击后，电流可以通过“放电刷”放出去，起到避雷针的作用。据国际民航组织报告，飞机遭雷击是常有的事，但几乎没有飞机因为遭雷击而发生重大意外。

（二）湍流

湍流由气压变化、急流、冷锋、暖锋和雷暴而引发的一种气流运动。肉眼无法看见，雷达也很难发现。根据美国联邦航空局（FAA）的数据，湍流是导致飞机上非致命伤害的主要原因。当飞机遇到湍流发生颠簸时，旅客要立即回到自己座位，并系好安全带。

1966 年，一架英国海外航空公司的波音 707 客机飞离日本东京后，机长为了让乘客能够在天空中欣赏富士山的美景，擅自偏离原定航道。当飞机飞抵富士山时，突然遭遇强烈湍流，尾翼在湍流中断裂，飞机最终解体坠毁。2013年5月17日，阿联酋航空公司一架波音777－300飞机载着374名乘客从阿联酋迪拜飞往印度尼西亚雅加达。在新加坡西南约30海里35000英尺高度上空的航路上遭遇湍流，导致10名旅客和3名空乘人员受伤。随后，机组紧急备降航班至新加坡机场，并安全降落，受伤人员被紧急送往医院治疗。

（三）高空急流

高空急流是对流层顶部和平流层中存在的风速大于30米/秒的强而窄的强风带，宽约100千米，厚约1000米。高空急流带的位置与季节和天气系统有很大的关系，在中国，冬季靠南，夏季靠北；高空急流的强度、高度以及位置都是随时变化的，在同一航路上飞行的飞机，即使时间间隔差不多，可能有的航班会遇到急流，有的航班就遇不到。

高空急流往往伴随着强烈的湍流、风切变，很容易引起中度和重度的颠簸，这也是高空急流对飞行最大的威胁。

总之，天气原因是造成飞行事故的一个重要因素，各个国家都在加强和完善对航空气象的预测。在中国，除了中国气象局外，中国民用航空局空中交通管理局专门设置了气象部门，为民航飞行提供完善的气象服务，确保飞行安全。机场现场指挥部门也根据大风、雷雨、低能见度、降雪等警报决策是否关闭机场。航空公司也根据航班始发地、目的地机场和飞行航路中可能出现的天气情况决定是否起飞、起飞时加多少油料。飞行员在起飞前，也需要了解此次飞行路线的天气情况，并根据航路天气预告图，避开航路上雷雨、晴空乱流、积冰等危险天气，选择最佳飞行高度。

【阅读材料】

影响航班正常的机械故障原因

旅客即将上飞机或上了飞机后，飞机出现故障，不得不下飞机等待；有时候，飞机起飞后才被告知飞机出现故障不得不返航或就近降落。碰到这种情况，旅客所关心的是故障修复到底要多长时间？再次上飞机更关心的是飞机故障彻底排除了吗？

首先请旅客放心的是，飞机的安全系数是在不断提高的。飞机越来越先进，在飞机的所有重要特性方面都具有层层裕度和多重备份系统，飞机都有详细的定期维护计划，每隔一段时间，地面维修人员都要对相应的系统、设备进行彻底检查、更换部件。但再完善、仔细的例行维护也无法保证飞机设备不会突然出现故障，这往往不是正常的例行检查就可以避免的，机务维修人员、机组人员和先进的机载计算机也会随时监视着飞机的任何情况，凡对飞行安全构成威胁的问题都将在飞行之前解决。

飞机在执行航班任务期间，一旦出现故障，机务人员按照维护程序要进行必要的检查，加以判断，对故障现象进行分析，找到故障源头，然后，再进行相应的故障排除工作，排除完故障后，还需填写相关维修记录，还可能要进行一定的测试工作，以确定是否修复好。

一般来说，如果飞机故障地为该公司基地，处理故障时间较快；如果飞机故障地为外站，当地可能缺少必要的检修设备、零件和维修人员，维修时间可能较长；如果大故障一时难以排除，即使另派飞机也需要较长时间。

作业：

1. 当北京（E8）当地时间为1月28日9：44，求此刻华盛顿（W5）的当地时间。

2. 当华盛顿（W5）当地时间为1月28日15：30，求此刻北京（E8）的当地时间。

3. 已知GMT为1月15日的20：00，求三亚（E8）所在地的地方时。

4. 分别计算上海与洛杉矶（W8）之间去程和归程的飞行时间，去程和归程的时间是否相等？为什么？

去程：航班MU583于10月17日的13：00从上海出发，到达洛杉矶（W7）的时间为10月17日的10：05。

归程：航班MU584于10月17日的12：30从洛杉矶（W7）出发，到达上海的时间为10月18日的17：35。

5. 试回答影响民航飞机起飞、降落天气现象各有哪些？

6. 试回答影响民航飞机飞行的天气现象有哪些？

第九章 航空运输布局的三大要素

第一节 机 场

一、机场的定义及其构成

机场，也称为航空港，是供飞行器起飞、降落和地面活动而划定的地域或水域，包括域内的各种建筑物和设备装置。

机场一般由飞行区、航站区（客、货服务区）和延伸区构成。

（一）飞行区

飞行区是指机场内供飞机起飞、着陆、滑行和停放的区域及其上空对应所需净空区域。包括跑道、升降带、跑道端安全区、停止道、净空道、滑行道、机坪以及机场净空，还包括一些为维修服务和空中交通管制服务的设施和场地，如机库、塔台、救援中心等。

（二）航站区

航站区是指机场内办理航空客、货运输业务和供旅客、货物地面运转服务的区域。主要指航站楼及其配套的交通设施设备。

（三）延伸区

延伸区是指机场航空服务产生的区域，包括飞机维修区、油库区、航空食品加工区、航空公司和机场单位办公区、生活区，有的城市经济很发达，还衍生出空港经济开发区、空港物流区等。

二、机场分类

(一) 按飞行区技术等级划分

1. 按照跑道的长度和宽度进行分类

飞行区等级代号由一个数字和一个字母组成，数字表示跑道长度：1，小于 800 米；2，800～1200 米；3，1200～1800 米；4，1800 米以上。字母表示跑道宽度：A，表示翼展小于 15 米；B，表示翼展在 15 米至 24 米之间；C，表示翼展在 24 米至 36 米之间；D，表示翼展在 36 米至 52 米之间；E，表示翼展在 52 米至 65 米之间；F，表示翼展在 65 米至 80 米之间。具体参数见表 9－1。

表 9－1 飞行区技术等级分类

飞行区代码	跑道长度/米	飞行区代号	翼展/米	主起落架外轮间距/米
1	$L<800$	A	$WS<15$	$T<4.5$
2	$800\leqq L<1200$	B	$15\leqq WS<24$	$4.5\leqq T<6$
3	$1200\leqq L<1800$	C	$24\leqq WS<36$	$6\leqq T<9$
4	$L\geqq 1800$	D	$36\leqq WS<52$	$9\leqq T<14$
		E	$52\leqq WS<65$	$9\leqq T<14$
		F	$65\leqq WS<80$	$14\leqq T<16$

2. 飞行区技术等级对应的起降机型

飞行区技术等级决定了机场能起降飞机的机型，进而影响机场的规模。目前，飞行区最高等级是 4F，这个级别的机场可以起降民航最大的客机空客 A380。如表 9－2 所示为不同飞行区技术等级所对应起降的机型。

表 9－2　飞行区技术等级对应起降的机型

等级	最大可起降飞机种类举例	国内该飞行区等级机场举例
4F	空客 A380 等四发远程宽体超大客机	北京首都国际机场、上海浦东国际机场、广州白云国际机场、成都双流国际机场、天津滨海国际机场、西安咸阳国际机场、武汉天河国际机场等

（续表）

等级	最大可起降飞机种类举例	国内该飞行区等级机场举例
4E	波音 747、空客 A340 等四发远程宽体客机	上海虹桥国际机场、三亚凤凰国际机场、海口美兰国际机场、长沙黄花机场等
4D	波音 767、空客 A300 等双发中程宽体客机	银川河东机场、兰州中川机场、西宁曹家堡机场、温州永强机场、丽江机场等
4C	波音 737、空客 A320 等双发中程窄体客机	北京南苑机场、伊春林都机场、黑河机场、腾冲机场等
3C	波音 733、ERJ、ARJ、CRJ 等中短程支线客机	内蒙古乌海机场等

3. 我国机场等级状况

我国国内三大枢纽城市——北京、上海、广州都拥有 4F 等级的机场，均能起降 A380。另外，国内一些主要城市，如成都、天津、西安、武汉，也建成 4F 等级机场；而且，具有 4F 等级机场的城市在逐渐增加。

我国省级行政中心城市均拥有 4E 及 4E 以上等级的机场。截至 2013 年 5 月，尚未建有 4E 及以上等级机场的省级行政中心城市只有宁夏银川、甘肃兰州、青海西宁。

（二）按服务对象划分

1. 军用机场：供军事飞行专用；

2. 民用机场：包括运输机场、通用航空机场、试飞机场、学校用机场。

3. 军民合用机场：既有军事飞行，又从事民用航空运输。

（三）按在民航运输网络系统中所起的作用划分

1. 枢纽机场：连接国际、国内航线密集的大型机场，如北京、上海、广州机场。

2. 干线机场：以国内航线为主，空运量较为集中的机场，如，各省、市、自治区首府所在地的机场，像天津机场、成都机场、昆明机场等。

3. 支线机场：年旅客吞吐量小于 50 万人，主要起降短程飞机，直达航班一般在 800～1500 公里范围内的机场。

（四）按航线性质划分

1. 国际航线机场：有国际航班进出，并设有海关、边防检查、卫生检疫和动植物检疫等政府联检机构的机场。

2. 国内航线机场：专供国内航班使用的机场。

（五）按机场所在城市的性质、地位划分

1. Ⅰ类机场：全国经济、政治、文化大城市的机场，是全国航空运输网络和国际航线的枢纽。

2. Ⅱ类机场：省会、自治区首府、直辖市和重要的经济特区、开放城市和旅游城市，或经济发达、人口密集城市的机场。

3. Ⅲ类机场：国内经济比较发达的中小城市，或一般的对外开放城市和旅游城市的机场。

4. Ⅳ类机场：省、自治区经济比较发达的中小城市和旅游城市，或经济欠发达但交通不便的城市的机场。

三、机场三字代码

（一）三字代码的由来

在民航运输的生产实践中，经常会使用三个字母来表示城市或者机场，这就是三字代码。国际航空运输协会（International Air Transport Association，IATA）对世界上所有国家的城市和民用商业机场制定了统一的代码，以三个英文字母来表示，称为城市/机场的“三字代码”，如，浦东机场为PVC。全世界至少10000个机场有三字代码，命名原则是先注册、先使用。

三字代码一般按照城市英文名称来制定，如巴黎（Paris）城市三字代码PAR，华盛顿（Washington）城市三字代码为WAS，新加坡（Singapore）城市三字代码为SIN。中国城市的三字代码一般按照城市的英译名称命名，如，上海英译为Shanghai，其城市三字代码为SHA；不过，有些城市的英文名称已经发生改变，但是还是按照惯例沿用之前的名字，比如，北京原来的英文名称是Peking，所以，首都机场的代码是PEK；成都原英文名称为

Chengtu，代码为 CTU；而广州原来的英文名称为 Canton，所以广州代码为 CAN。

（二）城市三字代码和机场三字代码

大部分城市机场的三字代码也是城市的代码，如，广州城市代码 CAN，广州白云机场的代码也是 CAN；三亚凤凰机场的代码是 SYX，也是三亚市的三字代码。但是，如果一个城市有多个机场，则机场代码和城市代码就不能一样，如，上海有两个机场，SHA 既是上海市的城市代码，又是上海虹桥机场的代码，而 PVC 则是上海浦东机场的代码；北京的城市代码是 BJS，北京首都国际机场的代码是 PEK，南苑机场是 NAY。一个城市有多个机场的情况在国际非常常见，如，纽约市的代码是 NYC，而纽约的三大民用机场的代码则为：肯尼迪机场 JFK，拉瓜迪亚机场 LGA，纽瓦克机场 EWR。

区分城市代码和机场代码的原因在于两种代码在民航运输生产中的作用不一样。城市代码常用于客货运输服务和运价计算中，两个城市间的航空运费不会因为使用机场不同而改变。机场三字代码则常用于点到点的航空运输中，如旅客的客票、登机牌上始发地和目的地就具体到机场，必须使用机场代号。在民航运输中，大部分情况下使用的是机场代码。

四、世界上重要的机场

目前，世界上的机场有 4 万多个，有航班的机场有 7000 多个。从数量上来看，北美、欧洲及亚洲是全世界机场数量相对集中区域。从机场的繁忙程度上来看，世界上较繁忙的机场也主要分布在上述区域。2015 年世界十大机场排名见表 9－3。

表 9－3　2015 年世界十大机场排名表

排　名	旅客吞吐量居前十位的机场	货邮吞吐量居前十位的机场
1	亚特兰大哈特菲尔德机场	香港赤鱲角国际机场
2	北京首都国际机场	孟菲斯国际机场
3	阿联酋迪拜国际机场	上海浦东国际机场

（续表）

排　名	旅客吞吐量居前十位的机场	货邮吞吐量居前十位的机场
4	芝加哥奥尔黑机场	安克雷奇国际机场
5	东京羽田机场	仁川国际机场
6	伦敦希思罗机场	阿联酋迪拜国际机场
7	洛杉矶国际机场	路易斯维尔国际机场
8	香港赤鱲角国际机场	成田国际机场
9	巴黎戴高乐国际机场	巴黎戴高乐国际机场
10	达拉斯-沃思堡机场	法兰克福国际机场

【阅读材料】

影响航班正常的旅客原因

造成航班延误的原因多种多样，有的属于不可抗拒的自然因素。值得重视的是，一些人为因素已成为造成航班延误的“新增长点”。据统计，因旅客原因导致的航班延误占航班不正常的3%，与因飞机故障造成的延误数量相差无几。

常见的情形有：旅客晚到，在航班办理登机手续截止时间之后才赶到。为了方便旅客，机场、航空公司会尽量帮助这些晚到旅客顺利赶上该航班，但这也势必造成该航班的延误。

第二种情形是：通知上飞机的旅客不辞而别，严重影响航班运作，尤其是直达旅客在飞机经停机场走了。一旦发生旅客不辞而别或其他原因没有登机，为了保证广大旅客的安全，必须确认该旅客没有遗留物品在飞机上，这个工作的执行将花费不少时间。

第三种情形是：一些常坐飞机的乘客，在通知登机后，往往拖到飞机起飞时间才登机。旅客往往认为，办好手续后，飞机一定会等他。其实，在繁忙的机场，一个航班早一分钟登机结束，机组就早一分钟向空中管制部门提出离港申请，这带来的不仅仅是提前一分钟，有时可能是十分钟甚至更多时间。

第四种情形是：旅客办完乘机手续后，到候机楼内购物、看书、打电话、用餐，不注意听登机广播，也是导致乘客误机的一个原因。

第五种情形是：国际中转航班在办理出入境手续时，由于旅客证件等问题，耽误时间。海关、边检等相关部门依规进行严格的出入境检查，出于安全考虑，这些检查有时需要较长时间，影响到航班的正点。

此外，旅客因航班延误等其他服务问题霸占飞机或拒绝登机等过激行为，也是导致飞机延误的一个原因。

作业：

1. 试说出飞机场的定义和组成。
2. 试说出飞机场按飞行区技术等级进行划分的具体办法。

第二节　航　线

一、航线的定义

航线是指连接两个或多个地点进行定期或不定期飞行，并且对外经营运输业务的航空交通线。

二、航线的分类

按照飞行的起讫点和经停点的位置不同，可把航线分为国际航线、国内航线和地区航线。

国际航线：航线的起讫点和经停点不在同一国境内的航线。

国内航线：航线的起讫点和经停点均在同一国境内的航线，国内航线还分为干线和支线。国内干线：连接首都与各省大城市及各省大城市间的航线，如，北京—上海航线；国内支线：大城市向中小城市辐射的航线，如，昆明—丽江航线。

地区航线：起讫点、经停点中有一点在国内特殊地区的航线。如，我国大陆地区往返香港、澳门、台湾之间的航线。

三、航线网络构成

在航空运输市场上，航线网络由下面三种结构形式构成。

（一）城市对式

城市对式，是两点间的直飞航线，是我国目前采用的主要方式。也是航空运输网络中的基本单元结构。

（二）城市串式

城市串式，是航线连接多个城市的结构形式。这种航线由若干航段组成，航班在途中经停、补充客货源，弥补航线各航段之间的运量不足，提高飞机的利用率和客座率，在运力紧张时，也可以起到缓解航线运力紧张的作用。

（三）中枢辐射式

中枢辐射式也叫轮辐式，是由城市对式航线和中心机场的辐射航线共同构成，只有当航线网络发展到一定规模的时候才形成。目前，全球前 20 位的机场全部都是中枢机场。中枢辐射式航线网络在中枢机场之间采用城市对式的干线直飞，再以每个中枢机场为中转站建立向中小城市辐射的支线航线，把客流量较小的中小城市的客货运送到中枢机场，通过中枢机场，进行航班衔接、客货中转，实现相互之间的空中联络。

采用中枢辐射式航线网络的优点有：

（1）更好地适应市场的需求。在中枢机场之间建立干线，采用大中型飞机；在中枢机场和中、小城市之间建立辐射支线，一般采用中、小型飞机，这样，可以保证干线和支线都有较高的航班密度和运力。

（2）使空运网络衔接畅通。在中枢航线结构中，干线和辐射式支线连通后，使所有网络内的航站之间均可通航，使城市之间的公共联络更为畅通。干线与支线有机地连接在一起，机型与航线相匹配，能使航空公司的效率提高，运营成本降低，从而可降低票价，进一步刺激市场需求。

（3）有利于航空公司提高运营效率，提高飞机的利用率、客座率和载运率，降低运营成本。中枢航线结构的建立，可将小型机场之间直飞航线上的空运量转移到干线上来，从而提高干线的客座率和载运率。原来吞吐量较小的机场改用小型飞机运营，通过支线与中枢机场连接，避免在运量较少的机场之间采用大中型飞机，对飞行造成运力浪费。

(4) 有利于机场提高经营效益。中枢航线结构的建立，使得中枢机场能发挥规模经济效益。

总之，中枢辐射式航线结构的建立和成功运营，能提高航空公司和机场的经济效益，促进航空运输业的发展，并能有效带动地区经济的发展和繁荣。

四、世界上重要的航线

(一) 西半球航线

1. 范围：是指一区内的航线。

2. 航行线路：

(1) 始发地（目的地）：IATA 一区中的机场。

(2) 经停地：IATA 一区中的机场。

(3) 目的地（始发地）：IATA 一区中的机场。

(二) 南大西洋航线

1. 范围：阿根廷、巴西、智利、巴拉圭、乌拉圭五国与东南亚、南亚、朝鲜、韩国之间，穿越大西洋的直达航线，或只经停中非、南非或印度洋岛屿的航线。

2. 航行线路：

(1) 始发地（目的地）：IATA 一区中的南大西洋次区国家（阿根廷、巴西、智利、巴拉圭、乌拉圭）机场。

(2) 经停地：经过大西洋，或只经停中非、南非、印度洋岛屿的机场。

(3) 目的地（始发地）：IATA 三区中的东南亚、南亚次区国家和朝鲜、韩国的机场。

(三) 大西洋航线

1. 范围：指除南大西洋以外，一区和二区之间、一区和三区之间，经过大西洋的航线。

2. 航行线路：

（1）始发地（目的地）：IATA 一区中的机场。

（2）经停地：除南大西洋航线以外，经过大西洋的机场。

（3）目的地（始发地）：IATA 二区、IATA 三区中的机场。

（四）太平洋经北美航线

1. 范围：南美洲大陆与西南太平洋次区之间，经过北美洲（但不经过中太平洋和北太平洋地区）的航线。

2. 航行线路：

（1）始发地（目的地）：IATA 一区南美洲大陆的机场。

（2）经停地：北美洲大陆，不能经停 IATA 三区（西南太平洋次区除外）的机场。

（3）目的地（始发地）：西南太平洋次区中的机场。

（五）太平洋航线

1. 范围：指除太平洋经北美航线以外，一区和三区之间穿越太平洋的航线；一区和二区之间，经过三区，穿越太平洋的航线。

2. 航行线路：

（1）始发地（目的地）：IATA 一区中的机场。

（2）经停地：经过太平洋（南大西洋航线以外）的机场和 IATA 三区中的机场。

（3）目的地（始发地）：IATA 二区和 IATA 三区中的机场。

（六）跨大西洋及太平洋航线

1. 范围：二区和三区之间，穿越大西洋和太平洋的航线。

2. 航行线路：

（1）始发地（目的地）：IATA 二区中的机场。

（2）经停地：经过太平洋和大西洋的机场。

（3）目的地（始发地）：IATA 三区中的机场。

（七）俄罗斯航线

1. 范围：俄罗斯欧洲部分与三区之间，包含了一段俄罗斯欧洲部分与东亚次区的不经停航线（不经过欧洲其他国家）。

2. 航行线路：

(1) 始发地（目的地）：俄罗斯（欧洲部分的机场）。

(2) 经停地：必须包含一段俄罗斯（欧洲部分）至东亚次区的不经停航段，且不经过欧洲次区的任何国家。

(3) 目的地（始发地）：IATA 三区的机场。

(八) 远东航线

1. 范围：俄罗斯欧洲部分或乌克兰与三区之间的航线，其中，包含了一段俄罗斯欧洲部分或乌克兰与三区（除东亚次区外）的直达航段。

2. 航行线路：

(1) 始发地（目的地）：俄罗斯（欧洲部分）、乌克兰中的机场。

(2) 经停地：必须包含一段俄罗斯（欧洲部分）或乌克兰至 IATA 三区（东亚次区除外）的不经停航段。

(3) 目的地（始发地）：IATA 三区中的机场。

(九) 跨西伯利亚航线

1. 范围：除远东航线和俄罗斯航线以外，二区和三区之间的航线，包含了一段欧洲次区与东亚次区的不经停航段。

2. 航行线路：

(1) 始发地（目的地）：IATA 二区中的机场。

(2) 经停地：包含了一段欧洲至东亚次区的不经停航段（远东航线和俄罗斯航线除外）。

(3) 目的地（始发地）：IATA 三区中的机场。

(十) 东半球航线

1. 范围：包括 IATA 二区和三区内的航线，以及二区和三区之间除了俄罗斯航线、远东航线和跨西伯利亚航线。

2. 航行线路：

(1) 始发地（目的地）：IATA 二区和三区中的机场。

(2) 经停地：IATA 二区和三区（除了俄罗斯航线、远东航线和跨西伯利亚航线）。

(3) 目的地（始发地）：IATA 二区和 IATA 三区中的机场。

【阅读材料】

影响航班正常的飞机调配原因

一般来说，一架飞机一天要执行 6～10 个国内航班，要在空中飞行 10 个小时左右，再加上飞机在地面上上下客、清洁、装卸货物、例行检查等过站时间，一般每天运行 16 小时左右。每一架飞机的航班计划都预先安排好，周旋余地不是太大。前一航班出现任何疏漏都可能引发后续航班的连锁反应，往往越到后面延续时间越长。

现实状况来说，我国航空公司规模小，即使三大航空集团在运作中也是划分成分公司在独立运行，效率低，可供调配的余地很小，航线、机场等配套不是很完善，导致航班运行整体效率偏低，一旦发生意外情形，应变、调配能力较差。目前，各航空公司也在积极调整，加强调配能力，尽快提高航班运行效率，减少航班延误的发生。

有人认为，航空公司因为航班出现延误而取消航班、合并航班，侵犯了旅客权益。其实，许多时候取消、合并航班正是为了维护旅客权益。为了解决前一航班延误而影响后面航班这个问题，航空公司会选择取消或合并航班的方案，使航班运行秩序尽快恢复。

作业：

1. 试说出航线网络的构成。
2. 试回答太平洋航线的始发地、经停地和目的地。

第三节　运　力

运力是航空运输能力的简称。它与航空公司机群的地域配置、机队的规模、飞机的性能、投入航线使用的状况等相关。运力的直接影响是市场的需求，在实际运营中，运力与区域机场、航线网络的情况紧密相连。

一、航空运输企业

航空公司（Airlines）是以各种航空器为运输工具，为乘客和货主提供民用航空运输服务的企业。在航空运输中，经常会看到用字母或者数字的代码来代表航空公司。

（一）航空公司 IATA 两字代码

国际航空运输协会为全球各航空公司编制了两个字母的代码，每个航空公司的两字代码是唯一的。两字代码在航空运输中使用广泛，比如用于航班预约、时刻表、票务、征税、航空提单、公开发布的日程表和航空公司间的无线电通信，同时，也用于航线申请。

（二）航空公司 IATA 数字代码

国际航空运输协会除了为全球各航空公司制定的两字英文代码外，还制定由三个数字构成的数字代码，用于航空票证的结算。例如，999（国航）、784（南航）、781（东航）、880（海航）。数字代码是组成客票号、货物单号的一部分。

二、运力经济学指标

在民航市场上，经常用下面的经济技术指标来衡量运力。

（一）客、货运量

客、货运量是指在一定时期内，各种运输工具实际运送的旅客、货物的数量。客运按人计算，货运按吨计算。旅客不论行程远近或票价高低，均按一人一次客运量统计；半价票、儿童票也按 1 人统计。货物不论运输距离长短、货物类别，均按实际重量统计。如，2013 年 2 月，中国民航全行业的旅客运输量、货物运输量分别完成 2787.4 万人、29.31 万吨，同比分别增长 18.5%和 22.4%。2017 年上半年，中国民航业完成运输总周转量 513.4 亿吨公里，旅客运输量 2.63 亿人次，货邮运输量 329.2 万吨，同比分别增长 12.5%、13.4%、5.1%。

（二）运输周转量

运输周转量是指航空器承运的旅客人数或货物质量和运输距离的乘积。

它的单位是客公里或吨公里。这个指标反映了航空运输企业的生产工作的数量。按照统计范围的不同，可分为旅客周转量、货邮周转量和总周转量。

旅客周转量是运输旅客数量和运输距离的乘积，单位是人公里或客公里。如，2013 年 2 月，我国民航旅客周转量 4514807.1 万人公里；2014 年，我国民航旅客周转量 560.34 亿人公里，比上一年增长 11.7%。

货邮周转量是指运输货邮的质量和距离的乘积，单位是吨公里。如，2013 年 2 月，我国民航货邮周转量 90354.1 万吨公里；2014 年，我国民航货邮周转量 187.77 亿吨公里，比上一年增长 10.3%。

运输总周转量是指旅客折算成吨公里后和货邮周转量相加之和。民航组织的换算标准为每位旅客按 90 千克计算（包括手提袋和托运行李），所以，1 客公里等于 0.09 吨公里。

运输总周转量（吨公里）＝货邮周转量＋0.09×旅客周转量

例如，2014 年，中国民航全行业的运输总周转量完成 748.12 亿吨公里，比上一年增长 11.4%。2015 年，中国民航完成运输总周转是 851.65 亿吨公里，比上一年增长 13.84%。

（三）载运率

载运率是指航空器在执行飞行任务时的实际载运量和最大载运能力的比值。它反映了飞机载运能力利用的程度和整个运输系统营运组织、管理的水平，是营运效益的重要指标，也是企业制定航班计划的重要依据。

(1) 单独考虑旅客的载运率一般称为客座利用率。

对于一个航班，客座利用率＝实际旅客数÷本次航班可提供座位数。

可提供座位数指全部座位数去掉机组使用的座位数和因减载不能利用的座位数。例如，2015 年，国内正班客座载运率平均为 74.1%，比上年提高 0.8 个百分点。

(2) 通常所说的载运率是考虑了旅客和货物的总载荷计算得到的。

载运率＝实际周转量÷最大周转量。最大周转量是由航空器可提供的最大业载乘以飞行距离得出的，而最大业载受到温度条件、场地条件、航线情况的限制，因而，在计算时，要根据不同情况而确定。例如，2015 年，中国正班载运率平均为72.2%，比上年提高0.3个百分点。

2016年，中国民航正班载运率平均为72.76%，比上一年提高0.5个百分点。

对于以上经济技术指标的统计，有利于掌握民航运输的实际情况，有利于制定和检查运输生产计划、研究运输发展规模和速度。中国民用航空局和国际航空运输协会定期都会对相关的数据进行公布。

【阅读材料】

飞行行程注意事项

旅客在乘飞机旅行时，须注意以下事项：

1. 乘机莫晚到。机场一般在飞机起飞前的90分钟至航班起飞前的30分钟办理登机手续。因晚点而误机，民航公司一般会为旅客安排后续航班，但春运期间，航班常常满座，往往安排不到空余座位；有些低折扣的机票，民航规定不予改签，所以，乘客请务必注意飞机机票上的标注。这里要提醒的是，当旅客所持机票为航空公司的电子客票时，因为到机场后，还需到航空公司电子客票柜领取T4联，所以，这部分旅客需要更早到机场。

2. 证件莫弄错。一定要带好有效证件，旅客如果因故导致居民身份证或军官证、警官证、士兵证、回乡证、护照等有效证件遗失的，可凭户籍所在地公安机关出具的临时身份证明（证明必须贴有本人照片）乘机。16岁以下未成年人，可凭学生证、户口簿登机，驾驶证、工作证等是无效证件。

3. 行李莫乱带。乘机旅客可免费携带的标准是头等舱40千克、商务舱30千克、经济舱20千克，持婴儿票的旅客无免费行李额，超过部分需交纳超重行李费，收取标准为每千克按公布票价的1.5%收取，随身带上飞机的行李不能超过5千克，体积不超过20厘米×40厘米×55厘米，不得托运危险品和其他违禁物品，酒类不能随身带上飞机，不能为其他旅客捎带行李。详细、准确的规定还要取决于不同的航空公司。

4. 程序要记好。到达机场后要按以下程序办理：

（1）换登机牌。准备好机票和有效身份证，根据航班号和目的地选择相应的柜台，注意不要排错队。

（2）安全检查。过安全检查时，请出示身份证件、机票和登机牌。

（3）候机。进入隔离厅后，在登机牌显示的登机区域候机，可以把身份证件、机票放置保管好，只留登机牌登机。

（4）登机。登机时间一般在起飞前的 20～30 分钟；起飞前 5 分钟（无托运行李的旅客）、起飞前 10 分钟（有托运行李的旅客）和不能到达登机口的旅客，将不能登机。

第四节　影响航空运输布局的因素

航空运输布局是指机场、航线和运力在一定地域空间上的分布与组合。一般影响因素大致可归为六类，分别是：地理位置、自然条件、经济条件、政治因素、科技条件和人口情况。

一、地理位置对航空运输布局的影响

一个国家、一个地区或一个城市的航空运输发展水平与其所处的地理位置往往有一定的内在联系。地理位置在一定时期内、一定程度上影响航空运输的发展及布局。例如，夏威夷群岛位于太平洋中部，远离北美及欧亚大陆。独特的地理位置使之成为北太平洋航空线上重要的中继站。

新加坡处于东南亚的马来半岛的南端，在亚洲与大洋洲、太平洋与印度洋的“十字路口”上，位于世界海运繁忙的马六甲海峡的咽喉处，是东南亚最大的贸易中心和物资集散地。新加坡凭借其优越的地理位置，大力发展航空运输业，使这个仅有 500 多万人口、710 多平方千米的弹丸之地变成亚洲最大的空运大国。

世界上许多城市，如曼谷、卡拉奇、开罗、安克雷奇（美国阿拉斯加州）、巴拿马城、加拉加斯、里约热内卢、毛里求斯、楠迪（斐济）、悉尼及我国的上海、广州等都是凭借有利的地理位置而发展成为重要的航空枢纽的。广州白云机场拥有得天独厚的区位优势，珠江三角洲是我国开放最早、经济

最活跃的地区，改革开放以来的迅猛发展和外向型经济特征，形成其雄厚的工业和贸易基础，经济总量约占全国的10%，未来几年，该地区仍将保持12%左右的GDP增长速度，远高于国内平均水平。同时，广州市作为华南地区的政治、经济、文化中心，最大的进出口岸城市和重要的交通枢纽，其战略地位无可替代。独特的地理优势、坚实的经贸基础、辽阔的经济腹地，为白云机场成为中国华南地区规模最大的航空中枢，奠定了不可撼动的外部基础。

二、自然条件对航空运输布局的影响

自然条件是指影响人类活动的自然环境要素，包括地质地貌、气象气候、土地、水、动植物等，这些要素在一定范围内、一定程度上对航空运输产生影响。

（一）地面自然要素

铁路、公路、管道等交通运输方式的交通线路需要通过浩大的地面工程来完成，因而，受地质地貌、水文条件的制约较为显著。而航空运输的线路在广阔的大气层空间，受地面要素的影响不大。只是在航路设置、确定飞行高度和地面起降时要考虑地貌条件的制约。航空运输与其他运输方式一样，都离不开固定的地面点站，机场、管制中心、地面雷达站等设施的建设都对地面自然条件提出一定的要求。

地形地貌是修建机场和确定航路的重要条件。由于飞机本身的性能，要求机场具备几倍的跑道面积的平地，又要有一定的坡度以保证排水，坡度一般应不大于2%～3%。同时，还要求四周地形起伏小，视野开阔，最好略高于四周。一般国际航空港占地700～900公顷，大型航空港占地1000～4000公顷。因此，在崎岖的山区，很难找到理想的场址。几乎所有的大型机场都是建在平原、盆地或宽阔的谷地。

机场修建是一项较大的工程，需要考虑诸多因素。机场场址应选择在地质地貌条件稳定的地区，在易发生地震、断裂、坍塌、崩塌、泥石流地区，不宜建设机场。机场附近需要有一定的净空地带，周围不应有高大突出的障碍物。自然植被也是必须考虑的因素，机场若设在林区，将有大片的森林被砍伐，而在开阔的平原上，也必须清除高大独立的树木。除此之外，充足的水源也是建设一个航空港的必备条件。

（二）气象气候条件

飞机在大气中飞行，飞行活动受到天气条件的影响和制约。目前，天气条件是飞行安全、正点与否的重要因素。天气现象虽然千变万化，但总有一些规律可循。各种危险天气的产生具有一定的地域性和季节性，例如，台风、飓风、热带风暴多产生于赤道附近的热带海域。在温带地区，雷暴总是在夏季和初秋频繁出现。寒流经过的海岸、冰雪区的上空、盆地和山谷地区常常出现大雾天气。长期稳定的天气现象形成了某一气候区的气候特征。在不同的气候区，会出现不同的危险天气。因此，航行应尽量避开危险天气的易发地区，选择最安全的飞行路线。

在机场内，飞机的起降主要受地面风速、风向、能见度、降水等因素的制约。气候条件的差异往往决定上述因素的好坏。特别是盛行风向、风速对机场的选址及跑道的走向都有较大影响。飞机起降的条件是逆风起降，这就使跑道走向必须与当地的盛行风向一致。如果当地的盛行风向为多个方向，为了避免侧风的威胁，则应采用双向、三向或多向跑道。

由于飞机沿着盛行风向起降，当机场与城市的连线方向和盛行风向为同一方向时，飞机航行势必要穿越城市上空。飞机噪声很大，一般在 100 分贝以上，而为了保护人们的听力和身体健康，噪声的允许值为 75～90 分贝，长期生活在 90 分贝以上的环境中，听力会受到严重影响，并产生神经衰弱、头疼、高血压等疾病。为了尽量避免飞机噪声的影响，机场与城市之间要保持一定的距离，而且，机场应选择在恰当的位置上，使飞机不能穿过城市上空。同时，还要保证城市与机场之间有便利的交通。实际上，世界上大多数机场都符合上述条件的要求，机场与依托城市间的距离大多为 10～30 千米，而跑道的走向也与当地盛行风向一致。在中纬度地区的大陆西岸，因受西风带的影响和控制，大多数机场都设在城市的南郊或者北郊，其跑道呈东西向分布。而在一些风向多变的地区，则出现多向交叉式跑道。我国东部地区，大多数机场与城市的平均距离为10～25千米，而跑道的走向多呈南北向。

总之，良好的自然环境为机场建设及航路设置提供必要的物质条件和适宜的活动空间。若忽视自然环境的影响，则会造成不必要的经济损失。因此，在新建机场、开辟航路时，应充分考虑自然环境的影响和制约。

三、经济条件对航空运输布局的影响

经济条件是影响航空运输发展和布局的最重要的因素，它包括经济发展水平、经济开放度、产业结构和相关产业。

（一）经济发展水平

经济发展水平决定了整个社会的经济结构和物资流通量，决定了社会的收入和消费水准，相应地也决定了航空运输需求。通常用工农业总产值、国民生产总值或社会总产值等指标衡量一个国家或地区的经济发展水平。各国和各地区的实证研究表明，经济增长，航空运输业随之增长。经济发达国家和地区航空运输需求必定旺盛，航空运输业发达。从目前世界航空运输的生产布局来看，欧洲、北美、俄罗斯、日本等地区和国家的航空运输业要远远超过大多数发展中国家。我国长三角、珠三角等经济发达地区，航空运输业也较发达。

国民经济的发展促进航空运输的发展，航空运输又反过来促进国民经济的发展，二者存在较大有关联程度。据专家计算，我国从20世纪50年代至90年代，国民经济增长速度为8%～9%，航空运输增长速度为20%～25%，航空运输的发展速度为经济发展的2～2.5倍。从世界上看，自1950年至1990年的40年间，世界经济增长速度为5%，航空运输增长速度为12%，为经济发展速度的2.4倍。由此可见，航空运输的发展与经济发展水平有着紧密的联系，而世界经济发展水平的差异，则造成当今航空运输布局的不平衡。

近几年来，我国民用航空业保持稳速增长。行业的平稳发展与国民经济的快速发展以及居民生活水平的提高密切相关。随着国民经济的发展和人们生活水平的提高，居民的消费需求将进一步被释放出来。伴随着社会经济发展，居民消费结构变化，国家政策鼓励，中美进一步开放航权，世界经济一体化趋势增强等有利条件，2012 年，中国民航全行业完成旅客运输量 31936 万人次，跨过 3 亿门槛，成为仅次于美国的民航第二大国。2016 年，中国民航全行业完成旅客运输量 48796 万人次，比上一年增长 11.9%，其中，国内航线完成旅客运输量 43634 万人次，比上一年增长 10.7%，国际航线完成旅客运输量 5162 万人次，比上一年增长 22.7%。

在国际金融危机深层次影响持续、全球经济普遍不景气的情况下，我国民航业盈利占全球 60%左右。

经过几十年的建设和发展，我国机场体系已初具规模，机场密度逐渐加大，机场等级和规模逐步提高，现代化程度不断增强，初步形成了以北京、上海、广州三大枢纽为中心，以成都、昆明、重庆、西安、乌鲁木齐、武汉、沈阳、深圳、杭州等省会或重点城市机场为骨干，以及众多其他城市干、支线机场相配合的基本格局。截至 2012 年底，我国拥有 183 个民航运输机场（不含港澳台地区）通航。全国 52%的县级行政区能够在地面交通 100 千米或 1.5 小时车程内享受到航空服务，服务的人口数量占全国总人口的 61%，服务的国内生产总值（GDP）占全国总量的 82%。机场总体布局基本合理，区域布局与我国经济地理格局基本适应，机场体系的功能层次日趋清晰，航空运输在综合交通运输体系中的地位也不断提高，基本符合我国国情和民航发展方向，基本适应国家和地区经济社会发展需要。

（二）经济开放度

航空运输的快速、省时等特点，使之成为国际间长途运输的理想方式。因此，一国或地区的开放程度对航空运输布局具有较大影响。经济开放度高的国家或地区，其航空运输发展迅速，反之，经济封闭的国家或地区，其航空运输就较为落后。日本是一个典型的加工贸易型经济的国家，对外经济联系至关重大。为满足经济发展需要，日本必须与许多原料出产国和产品消费国之间保持广泛的经济联系。航空运输业为这种联系提供了便利的交通条件，为此，日本大力发展航空运输，使之成为世界上的空运大国。事实上，几乎所有发达国家都有着广泛而密切的对外经济联系，这些国家的国际航空运输都比较发达。在一些自给自足的农业国，对外经济联系少，闭关自守，其航空运输业相对落后。

在全球经济一体化的今天，专业化分工日益精细，一件产品的生产，需要多个国家和地区跨国界的协作才能完成。专业化协作要求最高的是高频度的准时、精确的物流，而航空运输正是能满足这种要求的运输方式。中国致力于改革开放，加强对外经济联系，因而，航空运输发展迅速。尤其在经济开放度较高、对外贸易较发达的东部沿海地区，航空运输业最发达。

（三）产业结构

产业从经济学上可以划分为第一、二、三产业。第一产业是广义农业，第二产业是建筑业、采矿业、加工制造业，其他行业为第三产业，包括金融业、房地产业、保险业、餐饮业等。一般来讲，经济越发达的国家和地区，第二、三产业所占的比例越高，其航空运输需求越旺盛。以农业为主的国家和地区，其对外经济开放度低，经济发展水平不高，因而，航空运输需求较少。在工业生产中，资金密集型的电子、电器、精密仪器等高新技术产业往往聚焦在大型国际枢纽机场周围，依托便利的航空运输条件，形成了“临空型”工业区，例如，以首都机场和浦东机场为中心的空港经济区。我国目前正致力于产业结构的调整和升级，随着产业结构由低级向高级的演进，产业结构高加工度和高附加值化，航空运输需求必然越来越旺盛。

在 20 世纪 50 年代，迪拜只是中东波斯湾沿岸的一个滨海小镇，人口不足 5000 人，大多数是目不识丁的牧民。如今，迪拜是阿拉伯联合酋长国最大的城市，人口超过 220 多万，被誉为“新纽约”，使迪拜经济后来居上的并不是石油，10 年来，在迪拜 GDP 总值中，石油的收入仅占 6%，对于迪拜的经济推动作用极为有限。迪拜的繁荣是因为选择了正确的发展定位和正确的产业道路，全方位地发展国际化、多元化现代服务业。迪拜于 70 年代开始建机场、开运河、建港口；80 年代做贸易、发展交通、建自由港；90 年代推广观光旅游、现代商贸服务、金融服务，一直到 21 世纪，迪拜成为国际性的航空枢纽，世界性的观光购物城，西亚地区的转口贸易中心、转运中心、科技网络城。据统计，在迪拜的经济产业中，现代服务业处于主导地位。2005 年，迪拜的服务产业约占整个 GDP 的 68%。2015 年，阿联酋迪拜机场的旅客吞吐量为 7801 万人次，已经从 2014 的全球第六大繁忙机场升至 2015 年的全球第三大繁忙机场。创造了世界航空运输业“迪拜式”航空枢纽的发展奇迹。

（四）相关行业的影响

任何行业都不可能脱离其他行业而孤立存在，与其他行业都有或多或少的经济联系。尤其是专业化分工高度发达的今天，行业之间的联系更是异常紧密，航空运输业也不例外，影响航空布局的行业，如旅游业、对外贸易行业、劳务输出行业等，对航空服务的影响都很大，因此，又被称为“航空密集型”行业。这些行业的发展状况对航空运输业的发展至关重要，反之，发达的航空运输服务对这些行业的竞争力和景气状况也影响巨大，方便而快捷的航空运输服务也将吸引这些航空密集型行业在机场附近安家落户，在形成完整的产业供应链的同时，繁荣机场经济圈。事实上，一些可使用土地的机场正在大力发展“商业园区”来吸引各种商业活动，如，汉堡、尼斯和赫尔辛基机场。

航空运输是交通运输的五种方式之一，各种运输方式按自身特点承担相应的客、货运输业务，从而为国民经济服务。因此，其他运输方式的发展也影响到航空运输。一个国家或地区在一定时期内形成较稳定的运输结构，各种运输方式在交通运输中占有一定的比重。在某一运输方式失调时，势必打乱整个运输体系，对其他部门产生影响。每当铁路、公路运输的运力紧张时，往往对航空运输的运力要求也较高。在铁路运输占较大比重的国家中，这种影响就更突出。因此，航空运输必须与其他运输方式相互配合、协调发展。

四、政治因素对航空运输布局的影响

政治属于上层建筑的范畴，在某些特定的情况下，政治因素可以对整个国家或地区的经济发展和生产布局产生重要影响。航空运输是进行政治、外交活动的有力工具，政治因素对航空运输的影响是不容忽视的。政治因素除了表现为国家一系列的法律法令、航空运输政策和方针等，还包括社会的政治形势和安定状况。

社会的政治形势和安定状况对航空运输业的发展也有非常大的影响。如果政治稳定、社会安定、经济发展、人们安居乐业，航空运输就发展；反之，空运市场就衰退，甚至企业倒闭。例如，海湾战争直接导致美国泛美航空公司破产；苏联解体使苏联民航大部分飞机停飞。2001年的“9.11”恐怖事件使美国航空公司陷入困境，整个美国航空业2001年损失高达77亿美元。在存在安全隐患的条件下，航空安全部门不得不加强安全保障工作，其措施主要包括加强安检、增加对旅客携带行李的限制、增加境外人士入境的限制、控制飞行员飞行时间等，这些措施在短时间内减少了旅游、探亲等需求，抑制了航空运输业的发展。

五、科技条件对航空运输布局的影响

科学技术是影响生产力布局最积极、最活跃的因素。自然、经济等条件往往对生产布局起一定的制约作用，使生产的分布适应自然条件和经济发展的需要。而科学技术的发展，经常主动地影响生产布局，重大的科技成果往往使生产布局突破某些自然和经济条件的制约，使生产布局发生变化。

六、人口情况对航空运输布局的影响

人口既可以成为航空运输的对象，也可以作为航空运输所需的动力。作为运输对象的人口，其数量、密度、素质、收入、分布及迁移都对航空运输布局产生重要的影响。在一定的社会经济条件下，某地区人口总数越大、密度越高的地区，往往经济较为发达，对内对外的经济联系紧密，个人的经济收入相对较高，从而导致航空运输发达；而在人烟稀少的偏远地区，航空运输相对落后。了解世界人口迁移的方向、规模及现状，对分析国际航空客运的现状及其发展具有重要的意义。

我国地域辽阔，地理条件非常复杂，70％以上的人口分布在东部，西部人口稀少。中华人民共和国成立以来，已有大量的人口从我国的东部向西部迁移，西北居民与东南地区有着千丝万缕的联系。在一定时期内，这种关系使新定居地域和原居住地域之间，保持密切的政治、经济、文化联系，从而形成大宗客流。

人口对航空货运业有一定的影响。人口稠密的地区，经济相对发达，物资交换频繁，对各种产品的消费量大，人口稠密的城市往往成为各种物资的集散地。从目前空运货物的种类来看，大宗的服装、食品、鲜花等主要运往人口稠密的消费区。

作为航空运输所需劳动力的人口，其技术水平、文化素质会影响航空运输的发展，航空运输是一个技术密集型的行业，要求从业人员具有较高的文化素质和专业技术水平。在文化、教育、科技水平较落后的地区，发展航空运输业受从业人员的素质影响比较大。

以上所述六个影响因素不是孤立存在的，它们之间往往具有一定的内在联系。一个地区的航空运输布局受这几种因素共同作用，但一般以其中的一种或二、三种因素为主。

【阅读材料】

化险为夷的刘传健机组

2018 年 5 月 14 日，川航 3U8633 航班从重庆至拉萨飞行途中，在 9800 米高空，驾驶舱右侧风挡玻璃破损脱落，导致座舱失压。随后，机长刘传健临危不乱，果断应对，驾驶飞机成功备降成都双流机场，确保了机上 119 名旅客和 9 名机组人员的生命安全。

飞机风挡玻璃脱落，在整个民航历史上此前仅有一次，而且川航这次的危险程度要高得多，称之为“史诗级备降”毫不为过，机长刘传健也被网友们亲切地称为“中国版萨利机长”。

6 月 8 日下午，中国民用航空局、四川省在成都召开彰大会，表彰成功处置 3U8633 航班险情的川航机组及相关部门的单位和个人。中国民用航空局和四川省决定，授予川航 3U8633 航班“中国民航英雄机组”称号，授予机长刘传健“中国民航英雄机长”称号，享受省级劳动模范待遇。此外，中国民用航空局和四川省还给予机长刘传健 500 万元奖励，给予第二机长梁鹏 200 万元奖励，给予副驾驶 100 万元奖励，给予其他 6 名机组人员 100 万元奖励。

作业：

1. 航空运输运输布局的三大要素是什么？各自的作用是什么？

2. 什么是航线？航线的分类有哪些？

3. 什么是机场？机场的分类有哪些？

4. 什么叫运力？运力的经济技术指标有哪些？

5. 影响航空运输布局的因素有哪些？

6. 经济条件如何影响航空运输布局？

参考文献

[1] 宁红，李超．航空运输地理［M］．北京：国防工业出版社，2013.

[2] 江红．航空运输地理［M］．北京：人民交通出版社，2017.

[3] 李永平．坐飞机的学问［M］．北京：国防工业出版社，2014.